AF452444

PAULINE,

OU

LES HASARDS DES VOYAGES.

IMPRIMERIE DE FAIN, PLACE DE L'ODÉON.

PAULINE,

OU

LES HASARDS DES VOYAGES,

PAR M. M*****.

Cœlum non animum mutat quæ trans mare currit.
HOR.

IMITATION LIBRE.

Changeant de ciel et de climats,
Courant les mers, abordant maints rivages,
Son cœur est resté pur au milieu des orages,
Sous les feux du tropique, et sous les noirs frimas.

TOME QUATRIÈME.

À PARIS,

CHEZ MARADAN, LIBRAIRE,

RUE DES MARAIS, N°. 16, F.-S.-G.

1821.

PAULINE,

OU

LES HASARDS DES VOYAGES.

CHAPITRE XXXV.

Allemagne.

Le port de Stettin est l'un des principaux moyens de communication commerciale entre l'Allemagne et les peuples de la
Baltique : c'est un rendez-vous général des
négocians de Hambourg, de la Hollande, de
la Prusse et du surplus de l'Allemagne. Les
routes qui viennent y aboutir sont remplies
de voitures et de chariots. L'Oder est couvert de bateaux chargés de tonneaux de vin,
d'eau-de-vie et de tous les produits de l'industrie continentale. Les bois de construction,
les mâtures, les goudrons, les chanvres et
autres productions du Nord, arrivent à
Stettin des différens ports de la Baltique.
Cet échange immense et continuel attire
une foule sans cesse renaissante d'étran-

gers ; marchands , matelots , militaires, abondent de toutes parts. Cette ville , l'une des plus importantes de cette partie du continent , est le chef-lieu d'un gouvernement particulier et indépendant : malheureusement cette indépendance avait beaucoup à craindre de l'extrême voisinage d'une puissance placée dans les mains d'un prince réunissant d'une manière éminente toutes les qualités d'un illustre guerrier , d'un profond politique , d'un philosophe et d'un littérateur instruit. Frédéric II , qui régnait alors , et auquel l'Europe avait donné le nom de *Grand* , paraissait ambitionner et mériter toute espèce de gloire. Ses armées nombreuses , bien entretenues , admirablement disciplinées , faisaient trembler l'Europe. A la suite de campagnes glorieuses et de conquêtes brillantes , il avait obtenu les traités les plus avantageux , et ajouté à ses états de nouvelles provinces. Sa cour , toute militaire , réunissait les officiers les plus distingués de l'Europe ; il y avait également attiré les beaux génies du siècle , et leur donnait plusieurs soirées par semaine. Il avait fondé une académie à Berlin , composée de ces mêmes hommes illustres dans les sciences et les lettres. Voltaire, avec qui Fréderic était en correspondance régulière, résidait alors à Berlin depuis quelques mois.

Nos voyageurs s'empressèrent de se rendre à cette dernière ville, devenue de jour en jour plus célèbre par la grandeur de son monarque, par la réunion des hommes de génie qu'il y avait appelés, par les travaux importans qui en faisaient l'une des plus belles cités de l'Europe, et surtout par les détails piquans et les anecdotes originales qui résultaient de la société intime que Frédéric cherchait à établir entre lui et les savans qu'il avait rassemblés. Tantôt il voulait vivre avec eux sur le pied d'une égalité absolue, tantôt, en se souvenant qu'il était roi, lorsque ceux-ci s'avisaient de l'oublier, il reproduisait cette ligne de démarcation qui sépare et séparera en toute occasion le prince du particulier.

En arrivant dans cette capitale du Brandebourg, l'un des neuf électorats, et qui est devenue, dans l'opinion vulgaire, la Prusse méridionale, nos dames furent frappées de la magnificence des portiques qui venaient d'être achevés, et qui séparaient la ville de ses faubourgs. Chaque extrémité de cette cité en présentait un semblable. Ils venaient d'être construits par l'ordre de Frédéric, qui voulait ainsi garantir sa capitale du reproche adressé à la nôtre, dont les abords et les premiers quartiers ne présentent aux regards du voyageur que l'aspect choquant de rues sales, étroites et bordées d'habitations ignobles, destinées aux classes les plus obscures de la population.

L'alignement des rues, la somptuosité des hôtels, l'élégance et l'air de propreté des maisons de particuliers, semblent avoir pour objet de maintenir le charme du premier coup d'œil et d'en étendre l'illusion. Un air d'aisance est généralement répandu; la présence de la cour, la réunion de tous les grands, le séjour d'une partie de l'armée, tant à Berlin que dans les environs, le concours des étrangers de première distinction que les manœuvres de Postdam attirent, particulièrement dans l'été, répandent beaucoup d'argent et alimentent toutes les industries. Les femmes y sont belles, et l'extrême fraîcheur est le principal caractère de leur beauté. Les mœurs y sont douces et faciles : une habitude de galanterie se remarque généralement. L'étranger jeune et riche y est accueilli avec bienveillance. Plusieurs théâtres y sont établis et fréquentés : la curiosité des habitans s'y partage entre les pièces allemandes et les opéras d'Italie. Le prince, excellent musicien, faisait beaucoup de

frais pour réunir dans sa capitale les premiers virtuoses de cette terre classique de
la mélodie. Déjà, et depuis plusieurs années, le goût naturel avait adopté ces
drames lamentables, où les cœurs faciles
à émouvoir des bons Allemands venaient
s'affliger et fondre en larmes à l'aspect ou
sur le récit des plus effrayantes calamités
dont étaient accablés les principaux personnages de ces productions, rarement sou-
mises aux règles d'Aristote, surtout quant
aux trois unités. Un Français, habitué au
respect religieusement gardé de ces mêmes
règles par ses auteurs favoris, ne pouvait
concevoir comment une nation raisonnable
pouvait s'accommoder de ce qu'il appelait
des monstruosités. Les gens du pays lui répondaient *que ces monstruosités* les avaient
émues, et qu'ils ne leur demandaient rien
au delà.

Pauline et madame de Saint-Brice restèrent trois jours à Berlin, non compris
une journée qu'elles donnèrent à un voyage
à Postdam, lieu de plaisance du prince, et
où elles furent témoins d'une de ses plus
brillantes revues; elles eurent occasion d'y
voir et d'y saluer le célèbre Voltaire, qui
touchait alors aux portes de la vieillesse. Les
réponses vives et spirituelles qu'il leur fit
portaient cependant l'empreinte de l'ennui

qu'il commençait à éprouver d'être le com-
mensal d'un roi qui, tout en invoquant
extérieurement les douceurs de l'égalité,
revendiquait sans cesse, avec ses prétendus
égaux, les priviléges du commandement
et de la supériorité. Déjà quelques expressions railleuses échappées à Voltaire, relativement à la manie de Frédéric de vouloir
faire des vers français, et à la nécessité im-
posée au poëte de profession de donner à
cette très-imparfaite poésie de la physionomie et de la grâce, étaient parvenues
aux oreilles du monarque; les plaintes qu'il
en avait faites n'avaient touché que médiocrement l'écrivain, qui ne s'était justifié
qu'en soutenant que le badinage qu'il s'était
permis était l'indispensable conséquence de
l'égalité littéraire et philosophique que le
monarque avait désiré ou paru désirer d'é-
tablir dans sa cour. Cette manière de justifier ses indiscrétions était une indiscré-
tion de plus.

On prévoyait donc généralement à Berlin
la disgrâce prochaine du bel esprit parisien,
lorsque madame de Saint-Brice et Pauline
partirent de cette capitale.

Elles se proposaient de passer successivement à Dresde, à Vienne, à Trieste, d'où
elles se rendraient à Venise. Madame de
Saint-Brice avait ses derniers recouvre-

mens à faire dans ces quatre dernières villes.

Cette partie de l'Allemagne qu'elles allaient parcourir a été l'objet de tant de descriptions que nous ne rapporterons ici que diverses observations faites par nos voyageuses, et qui jusqu'à ce moment n'ont été consignées dans aucun ouvrage.

Dresde, située sur l'Elbe, capitale de la haute Saxe, où elles s'arrêtèrent après avoir traversé la Lusace, est l'une des plus jolies capitales de l'Allemagne. Elle présente un aspect de régularité encore plus parfait que celui de Berlin. Les campagnes qui l'environnent sont charmantes, et le terrain de la plus riche fertilité. La cour de l'électeur était alors brillante; mais le comte de Laufeld, à qui madame de Saint-Brice avait affaire, se trouvant alors dans un château qu'il possédait à une lieue de la petite ville de Pirna, sur la route de la Bohême, ces dames s'y firent conduire dès le lendemain de leur arrivée à Dresde. Madame de Saint-Brice toucha sa créance, et la route fut continuée par Prague et Olmutz sur la ville de Vienne, où il fallait qu'elles s'arrêtassent.

Ces dames furent frappées, comme tous les autres étrangers, de l'extrême singularité de cette capitale qui, réunissant dans son centre la population industrieuse, n'est remarquable que par ses faubourgs et la somptuosité des palais et des hôtels magnifiques qu'ils renferment. Cette exception rappelle l'origine et la destination des cités pendant la maintenue du régime féodal, qui servaient d'asile aux ouvriers, aux petits marchands, et généralement à la portion du peuple qui, étrangère aux soins de l'agriculture, vit cependant du travail de ses mains, et échange le produit de son industrie contre les fruits de la terre dont elle a besoin à son tour. Les ouvriers remplissent la ville; les grands seigneurs et les riches propriétaires habitent exclusivement ses faubourgs. Sans doute pendant la longueur des hivers les grands propriétaires s'étaient fatigués de l'ennui qui résultait de la nécessité d'être claquemurés dans leurs châteaux, sans pouvoir en sortir. Alors ils vinrent successivement faire construire des habitations autour de la capitale, et formèrent ainsi, dans un assez court espace de temps, ces magnifiques faubourgs, qui font aujourd'hui l'admiration de ceux qui se rendent à Vienne. La nécessité peupla l'intérieur; l'amour du plaisir donna naissance à son alentour.

La nation allemande a une physionomie particulière. Elle est d'abord remarquable par l'extrême simplicité de ses mœurs. L'empressement de se produire, ce désir continuel de manifester sa pensée, cette précipitation de jugement qui se dirige indifféremment sur tout, dispositions reprochées avec quelque raison aux nations française et italienne, sont diamétralement contraires aux habitudes modestes et circonspectes de l'Allemand, qui réfléchit avec lenteur sur ce qu'il voit, comme sur ce qu'il entend; il examine long-temps un objet avant de le juger, et ne le juge qu'autant qu'il a un intérêt pressant à le faire; il aime mieux acquérir de la science pour lui, que produire les preuves de cette science vis-à-vis des autres; sa marche précautionneuse et calculée en tout, est tout-à-fait en opposition avec la pétulance française et la vivacité italienne. On rencontre en Allemagne des hommes prodigieusement savans, et dont la modestie va jusqu'au point de penser qu'ils ne savent rien. Si tel Français avait acquis les connaissances de tel Allemand, le premier ne déparlerait ni jour ni nuit; heureusement que la bonne nature a borné aux surfaces les objets de ses courtes études, et qu'il ne prend et ne veut prendre de tout ce qui est bon à étudier, que juste ce qu'il lui en faut pour en causer avec ses amis.

Quant aux beaux-arts, et surtout à la musique, les Allemands sont les dignes rivaux des Italiens ; on trouve même en Allemagne un plus grand nombre de bons exécutans qu'en Italie : rien de plus commun que d'y rencontrer des jeunes gens habiles dès leur premier âge sur une foule d'instrumens. Le goût de l'harmonie, très-répandu en Italie, l'est encore beaucoup plus généralement en Allemagne; tout le peuple, même celui des campagnes, est sensible à l'harmonie. Dans les ateliers les plus vulgaires, dans les guinguettes les plus humbles, au milieu des campagnes, sur les routes, et dans toutes les rues des cités allemandes, on rencontre des groupes de jeunes gens chantant en partie des airs nationaux, des cantiques sacrés, des fragmens d'opéras de leur pays ; chaque exécutant chante sa partie d'après la nature de sa voix : aucun accord n'est négligé : il semble que les êtres surnaturels qui président à cet art divin habitent plus particulièrement les plaines éthérées de la Germanie, et se plaisent à répandre leur influence et leur génie sur ce peuple favorisé.

C'est surtout quand les souvenirs mettent le Français voyageur à même de comparer ce sentiment musical, si universellement

répandu dans la Germanie, avec les voci-
férations barbares, les instrumens faux , et
l'absence de toute sensibilité musicale qui
caractérisent les chants et la musique française , qu'on est le plus tenté de croire aux
prodigalités comme aux dénégations locales
de cette même influence.

Dans les villes que baignent le Rhin ,
l'Oder , le Mein , l'Elbe et le Danube , le
voyageur qui vient prendre ses repas à une
table d'hôte , voit arriver une pauvre famille , composée d'un vieillard , d'une
femme plus ou moins âgée, et de leurs enfans: le père se met devant le piano placé
à l'extrémité de la salle ; le fils aîné accorde son violon ; la main épaisse et les
doigts grossiers en apparence du vieillard,
font douter un moment de ses facultés
d'exécution ; mais après quelques mesures,
vous êtes tout étonné d'entendre une musique céleste , des morceaux de chant remplis de mélodie , et de reconnaître un
sentiment exquis dans chacun des exécutans, qui n'attendent de ceux qu'ils ont
ainsi charmés que le plus faible tribut de
gratitude.

Mais des qualités bien supérieures , bien
autrement estimables , distinguent émi-
nemment le peuple allemand de tous les
peuples de l'Europe , c'est son extrême

bonté, c'est une bienveillance sans mesure qui appelle la force à aider la faiblesse, l'homme puissant à secourir l'être isolé, le chef de famille à ouvrir sa porte hospitalière à l'étranger ; qui attache les uns aux autres tous les âges et tous les intérêts. On serait tenté de croire que ce peuple si sensible, considérant les afflictions et le malheur comme des dissonances insupportables, ne conçoit de pensée habituelle que celle d'effacer ce malheur, de tarir les larmes de l'infortune, de prévenir tous les besoins, pour rétablir, autant qu'il le peut, l'harmonie d'une aisance universelle et d'une tranquille existence.

Cette bienveillance générale, que l'on peut considérer comme formant le caractère distinctif de la nation allemande, serait-elle le principe du goût musical qui s'y trouve universellement répandu ? La sensibilité du cœur est-elle la base ou la conséquence de la sensibilité des organes ? C'est une question qui se présente naturellement dans une foule d'occasions, en Allemagne, et qui ne se reproduit que rarement chez les autres peuples de l'Europe.

La transition graduelle des mœurs allemandes aux mœurs italiennes se fit remarquer à nos voyageurs en traversant la Styrie et la Carniole pour arriver à Trieste, où se rendent toutes les marchandises d'Europe destinées au Levant , et toutes celles du Levant destinées à la consommation de l'Europe.

Ces centres de commerce présentent un aspect d'autant plus curieux et remarquable , qu'ils semblent ne plus appartenir au sol qui les environne et sur lequel ils sont assis. On chercherait vainement à Trieste les mœurs de la Carniole et de l'Istrie. C'est un rassemblement de tous les peuples de l'Asie-Mineure et de l'Europe. Une confusion de langage , de costumes et d'intérêts , produit une diversité perpétuelle de tableaux. Ici , des Turcs rassemblés en groupes restent en face les uns des autres pendant une partie de la journée , sans se dire une parole , avec une longue pipe à la bouche, et ne paraissant occupés que de la jouissance silencieuse du moment présent. Là, de jeunes marchands italiens folâtrent avec des courtisanes vénitiennes. Plus loin le Grec rusé débat une convention commerciale avec le crédule allemand; des Anglais se consultent pour organiser un accaparement considérable. Le port se remplit de matelots, de porteurs, de soldats, de millionnaires et de mendians. Sur tels points abordent des navires venus de toutes les parties du monde. Ici , sont appareillés

des bâtimens qui attendent un vent favorable pour traverser l'Adriatique. La plage
est couverte de caisses et de ballots, dont
les uns sont embarqués, les autres conduits
dans des magasins. L'habitant, qui trouve
ses moyens d'existence et de prospérité
dans ce flux et reflux continuel, acquitte sa
gratitude envers l'étranger qui le visite, en
rassemblant autour de ce dernier les plaisirs, les jouissances et les distractions propres à lui faire oublier la fatigue attachée
à son existence laborieuse.

Avec le jour finissent les travaux. Ce
mouvement d'individus et de marchandises
s'arrête jusqu'au lendemain. Le négociant,
l'armateur, les matelots, le curieux, le
cosmopolite et l'habitant rentrent, ceux-ci
dans leurs domiciles, les autres dans leurs
auberges. Après un repas abondant et
joyeux, chacun se rend, soit au spectacle,
soit dans ces lieux de réunion que l'on appelle *casino*, où les uns continuent à
parler de leurs affaires, et les autres cou-
rent après le plaisir. Le lendemain on re-
commence.

Pauline et ses amis furent obligés de
s'amuser de ce tableau pendant deux jours,
qu'il fallut attendre un temps favorable
pour faire la très-courte traversée de Trieste
à Venise. Dans le fond de l'Adriatique, les

moindres gros temps interceptent la navigation. La mer resserrée de toutes parts s'y calme difficilement. Autant dans les intervalles de sérénité cette traversée est facile, autant elle est périlleuse quand les flots sont agités.

Enfin ce calme si désiré arriva; une tartane reçut nos voyageurs et leurs effets. En peu d'heures, elle arriva au grand canal qui conduit dans l'intérieur de Venise, et qui en est comme la magnifique avenue. Le spectacle qu'offre ce grand canal est ravissant et presque magique. Les deux rivages bordés de palais magnifiques, dont la noble et riche architecture se confond avec les jardins délicieux qui en dépendent, présentent des points de vue et des oppositions admirables. Il semble que l'industrie des hommes soit venue dans ce lieu pour lutter avec la magnificence de la nature. De ce canal, on entre dans les canaux plus petits, mais innombrables qui forment les seules rues de cette cité unique dans son genre.

Nous ne donnerons pas plus d'étendue à ce tableau; et nous nous bornerons à conduire Pauline et ses amis dans une excellente hôtellerie située dans le voisinage de la place Saint-Marc.

Madame de Saint-Brice avait à y faire

un dernier recouvrement. Son mari avait
prêté une somme considérable au fils d'un
sénateur de l'illustre famille de Mendocci.
Ce jeune homme, très-riche héritier, et
rempli d'une probité rare, avait fait avec
feu M. de Saint-Brice un convention particulière. Elle consistait à servir exacte-
ment l'intérêt annuel du capital dont le
remboursement n'était exigible qu'à l'époque du mariage de l'emprunteur, ou lorsque s'ouvrirait l'une des successions col-
latérales qui l'attendaient. Le tendre attachement qu'il portait à son père ne lui
avait pas permis de faire mention d'une
hérédité directe. D'ailleurs, ce père qui
s'était marié de très-bonne heure, âgé alors
tout au plus de quarante-huit ans, et d'une
excellente constitution, était homme à
déconcerter toutes les conventions basées
sur le terme éventuel de son existence. On
avait mandé tout nouvellement à madame
de Saint-Brice que ce jeune homme venait
de quitter la maison paternelle pour s'établir dans un palais particulier, et que
très-probablement, il était arrivé une amé-
lioration considérable dans la situation de
sa fortune.

Madame de Saint-Brice était déjà venue
à Venise, ayant commencé ses recouvremens par les contrées du midi. Ce jeune

homme lui avait avoué franchement qu'il était alors dans l'impuissance de faire honneur à cette dette. Il lui avait offert néanmoins toutes les sûretés désirables, et même un accroissement d'intérêt. Elle avait accepté les sûretés et rejeté les gros intérêts. Mais, sans doute, par voie d'indemnités des frais inutiles que cette dame avait faits, elle avait été contrainte de recevoir un présent magnifique en diamans qui, la veille de son départ de Venise, avient été envoyés à son logement et à son adresse par voie anonyme.

Au moment de l'arrivée de ces dames, le jeune Ludovico Mendocci était occupé de deux objets; du recouvrement de la succession de son aïeul maternel qui venait de mourir et l'avait institué son héritier universel, et d'un mariage qu'il allait contracter avec une signora Salviati, riche, jeune, belle, et de la plus noble famille.

La créance était de 7,500 sequins, faisant en argent de France environ 90,000 francs. Autant ce capital était précieux à madame de Saint-Brice, autant il avait été difficile à rassembler par le débiteur. Ses gens d'affaires avaient espéré le composer avec le produit du mobilier, sans toucher aux biens immeubles. Il restait à mettre en vente une galerie de tableaux magnifiques et des plus grands maîtres, quand madame de Saint-Brice arriva. Ces détails lui avaient été fournis par un jurisconsulte, homme rempli de probité et de lumières et qui l'avait jusqu'alors parfaitement dirigée dans ses démarches.

Le jeune homme avait été instruit de l'arrivée de madame de Saint-Brice par le signor Borroméo, c'était le nom de l'avocat, qui cependant, sur la défense qu'il en avait reçue, s'était tu sur l'adresse de madame de Saint-Brice.

Mais il était difficile qu'elles échappassent aux perquisitions du jeune Ludovico. Quelque étendue que soit la ville de Venise, quelque difficiles que semblent être les moyens de communication, il est impossible de ne pas se rencontrer dans les lieux de réunion tels que les spectacles, les églises et particulièrement la place de Saint-Marc.

Cette place est unique dans son espèce. A peu près quadrangulaire, l'une de ses faces est occupée par le portique de l'église, celle en face par le grand canal, et les deux autres, par de vastes galeries, le long desquelles on trouve des cafés, des restaurateurs, des boutiques de confiseurs, de modes, et de toute espèce de nouveautés en parures et en bijoux. Ces galeries rassemblent toutes les nuits le beau monde

de Venise, c'est-à-dire les familles les plus
distinguées, les étrangers, les femmes galantes, et en général cette partie de la
population dont le plaisir est la grande
affaire. Toute l'étendue de ces vastes galeries est couverte de tables et de chaises
qui sont bientôt occupées par les innombrables sociétés qui viennent y affluer. On
s'y visite, on y soupe. On y prend des
glaces. Des musiciens ambulans s'y distri-
buent par groupes et s'y succèdent continuellement. La température la plus douce
y est entretenue par l'heureuse combinai-
son de la chaleur de l'atmosphère et de la
fraîcheur des eaux.

Une gaieté générale anime ce tableau.
L'air y est parfumé des plus douces
odeurs. Une habitude de galanterie forme
la manière d'être générale. Elle y est de
tous les âges et presque de tous les rangs.
Le magistrat et le sénateur viennent y oublier leur gravité. Les peines intérieures
et domestiques s'y affaiblissent, et le plus
souvent s'y oublient. Le plaisir qui s'y présente sous mille formes différentes, y renou-
velle ses attraits chaque soir. Il serait impossible d'y renoncer. Celui qui aurait manqué
de s'y rendre une fois, qui aurait perdu
l'une de ces belles nuits, si fréquentes sous
ce ciel si doux, s'empresserait le lende-

main à réparer la perte qu'il aurait faite.

Pendant une grande partie de l'année, la liberté presque illimitée dont on y jouit, est encore augmentée par le privilége du carnaval, beaucoup plus prolongé à Venise que partout ailleurs. Sous le masque, le vieillard voluptueux cache ses rides, la femme de qualité dissimule son rang, l'homme public brave l'étiquette. Ainsi le juge sévère qui fit trembler le matin son auditoire par la sévérité de ses arrêts, se rend la nuit suivante, enveloppé d'un vaste domino, et les traits cachés sous un carton officieux, pour commencer une intrigue, solliciter une réponse favorable, arranger un rendez-vous avec l'une de ces beautés séduisantes dont Venise semble, entre toutes les villes capitales de l'Europe, avoir créé et conservé exclusivement les modèles.

On a souvent comparé l'amabilité des courtisanes de Venise, avec le charme piquant des jolies femmes de Paris. Mais les étrangers qui ont visité et long-temps habité ces deux patries du plaisir et de l'amour, donnent la palme aux Vénitiennes (1).

(a) Le lecteur voudra bien remarquer qu'ici où il est question des courtisanes de Venise, la comparaison établie entre elles et les galantes Parisiennes, ne concerne que celles qui exercent à Paris la même sorte d'industrie. A Dieu ne plaise qu'il m'arrive de mêler l'or avec le cuivre !

Les tracas de la coquetterie et l'inter-
vention continuelle de l'intérêt détruisent
plus tôt ou plus tard l'enchantement produit par la grâce toujours nouvelle et
l'esprit toujours piquant des galantes Parisiennes, qui, la plupart du temps aiment
par convenance et se rendent par calcul.
La tendre Vénitienne, dans son abandon,
reste plus près de la nature. Insouciante et
sans avenir, elle remet à son amant en quelque sorte son existence. Sa parure, et tout
ce qu'elle possède lui ont été offerts par
le mortel épris de ses charmes et payé d'un
tendre retour. Aucune convention n'a été
stipulée entre eux. Jamais la fière et sensible
Vénitienne n'a rien demandé à l'amour. Ses
vœux et ses fantaisies constamment prévenus ne lui ont coûté que la peine de les
concevoir. Les amans à Venise ne se par-
lent que le langage de la passion. Celui du
vil intérêt ne vient jamais se mêler dans
leurs amoureux entretiens.

On me demandera si les Vénitiennes si
savantes, si désintéressées en amour sont
des prodiges de constance. Qui peut donc
ignorer que les talismans qui produisent
les plus rares merveilles sont précisément
ceux qui se brisent avec le plus de facilité.
Ce serait d'ailleurs une véritable calamité
que cés *Armides modernes* ne fussent sen-

sibles chacune que pour un seul *Renaud*. Que deviendrait le bienfait de la circulation, si, dans cette brillante tribu de la population de la cité des eaux, un seul épisode absorbait la carrière d'amour qui doit nécessairement faire un si grand nombre d'heureux ?

Ce qui contribue peut-être le plus à rendre Venise le point central des plaisirs des contrées méridionales de l'Europe , c'est la pureté de l'air qu'on y respire et la salubrité des alimens qui s'y consomment. Ce que les Vénitiens appellent la *Terre-Ferme*, unique dépendance de la république, est renommée par sa fertilité. Les riches Vénitiens y ont des maisons de campagne ; le bourgeois s'y rend tous les dimanches. Le petit peuple ne sort presque pas de Venise ; ce qui le maintient dans une ignorance absolue de la nature et des bienfaits qu'elle répand. On plaisante souvent à Paris sur ces bons Parisiens qui ne savent pas *comment vient le blé*, faute d'avoir franchi *les barrières* ; cette ignorance est bien plus remarquable à Venise , où la plupart des ouvriers ne se sont jamais éloignés de cent toises de leurs domiciles.

De la salubrité de l'air , de l'excellence des alimens, et surtout de cette insouciance de l'avenir dont nous parlions tout à l'heure,

et qui est commune à toutes les classes du
peuple, résulte un parfait état de santé
qui entretient la fraîcheur et la beauté. Venise n'est pas réduit, comme Paris, comme
la plupart des capitales, à recruter au dehors pour entretenir et relever une population qui tend à se dégrader, quand elle
est abandonnée à ses propres ressources ;
les générations se succèdent à Venise sans
aucunement s'altérer : espèce de prodige
particulier à cette cité, et dont la science
des hommes ne peut deviner la cause ni
fournir l'explication.

Dès le lendemain de leur installation
dans le logement qu'elles avaient adopté,
Pauline et madame de Saint-Brice se mirent
à visiter ce que Venise a de plus remarquable ; d'abord les monumens publics, à
la tête desquels il faut mettre la basilique
de Saint-Marc, le palais du doge et la
Bourse. Le soir, elles furent à l'Opéra,
accompagnées d'Atkinson et de Zara, dans
une loge où elles espéraient n'être point re-
marquées. Le théâtre venait de rouvrir.
Une troupe, composée des premiers virtuoses et des plus célèbres cantatrices
de l'Italie, débutait ce même jour. Leur
hôte était parvenu à se procurer cette
loge ; ce qui n'avait pas été facile. Lui
et sa fille aînée, fort jolie personne, furent

de la partie. Les loges sont très-vastes en Italie : tout le monde sait combien elles diffèrent, par leurs dispositions, des loges des théâtres de France.

A peine avaient-elles tiré le rideau qui les avaient séparées de l'assemblée, qu'elles furent éblouies de l'éclat et de la magnificence de la salle. Celles de France ne peuvent y être comparées, ni par les dimensions, ni par le système d'architecture. L'intérieur d'une salle italienne est une portion de cercle ou d'ellipse de la plus parfaite pureté, coupé par l'avant-scène, et calculé dans tous ses points d'optique, de manière à ce que partout le théâtre se présente aux regards du spectateur, dans son ensemble comme dans toutes ses parties : c'était, en terme de théâtre, ce que l'on appelle *un grand jour*. Chaque loge était ornée dans son extérieur d'une infinité de bougies ; ce qui répandait une clarté immense. La scène, en apparence moins éclairée, donnait un effet plus magique à la beauté des décorations. Le spectacle commença : un murmure favorable annonçait l'arrivée de chaque acteur, dont le nom était répété dans toute la salle. On l'écoutait avec un silence parfait, surtout dans les morceaux les plus brillans de son rôle, et sa réputation était fixée par le plus ou moins de succès de son exécution : ce jour de début décidait du sort de chaque acteur. Heureusement que tous répondirent, ce jour-là, à peu près à l'opinion qu'on en avait précédemment conçue.

Telles prévenues que fussent nos dames pour la musique allemande, il leur fallut reconnaître la supériorité d'exécution des chanteurs et des cantatrices de l'Italie; elles convinrent même que les orchestres, par l'unité de l'accord parfait qui y règne, ont un degré de supériorité sur ceux de la Germanie. Nos dames sortirent enchantées de tout ce qu'elles venaient de voir et d'entendre.

Comme leur hôte et sa fille leur avaient vanté à plusieurs reprises les nuits de la place Saint-Marc, et qu'elles en étaient voisines, leur société s'y rendit, adopta l'un des plus jolis cafés, et prit une table sous la galerie, au milieu de la foule d'amateurs qui s'y étaient déjà rendus.

A Venise, comme à Paris, les figures nouvelles sont extrêmement courues, surtout si elles sont jolies. Nous avons déjà dit plusieurs fois que peu de beautés étaient comparables à Pauline, et que madame de Saint-Brice, quoique âgée de quarante ans, était encore agréable. Leur toilette

était recherchée. Le plaisir qu'elles venaient d'éprouver au spectacle animait
leurs physionomies : la gaieté vénitienne,
tout-à-fait à l'aise sous ces vastes galeries , était vraiment contagieuse. Les
hommes ne cessaient de circuler et parcouraient toutes les tables. On s'arrêta à
celle des deux étrangères. Quelques personnes de distinction leur adressèrent la
parole : elles répondirent avec grâce. Leur
hôte, qui les accompagnait, était beaucoup
connu : on conjectura que les deux dames
étaient deux étrangères descendues chez
lui.

Au nombre des hommes de distinction
qui étaient venus leur rendre hommage ,
était un des premiers personnages de Venise , remarquable par ses immenses richesses et par son goût immodéré pour le
plaisir ; il était membre du sénat. Ce n'é-
tait plus un jeune homme , mais ce n'était
pas encore un vieillard. Il était veuf, n'a-
vait qu'un fils unique âgé de vingt-quatre
ans , qui jouissait de tous ses droits. Notre
sénateur employait les dernières années de
verdeur qui lui restaient à nouer chaque
jour des intrigues nouvelles et à solliciter
les bontés de toutes les jolies femmes qu'il
trouvait sur ses pas. Apercevoir Pauline au
milieu de ses amis , chercher à s'en ap-

procher, s'informer de leurs demeures, s'efforcer de pénétrer le mystère de leur séjour à Venise, telles furent les obligations qu'il s'imposa, pour lesquelles il commença personnellement ses recherches, et mit en campagne un valet de chambre messinois, qui avait sa confiance et qui l'avait méritée, en ayant fait réussir une foule de tentatives du même genre.

Au bout de vingt-quatre heures, l'adroit Sicilien avait appris à son maître que la plus jolie des deux dames, et par conséquent celle dont ce dernier était le plus préoccupé, avait fait le tour du monde, venait tout récemment de parcourir les régions du Nord ; qu'elle jouissait d'une grosse fortune, et ne se trouvait en ce moment à Venise que par pure complaisance pour la dame qui l'accompagnait, laquelle avait une affaire importante à y terminer.

Ces détails parurent d'un excellent augure à celui auquel ils étaient adressés. Une jolie femme qui a fait le tour du monde doit parfaitement le connaître, se disait-il : elle ne peut manquer d'avoir eu au moins quelques aventures ; je n'aurai pas à redouter la niaise résistance d'une novice ; je serai entendu au premier mot : nous ferons assaut ensemble, elle de coquetterie, et moi d'empressement. Une telle conquête est vraiment digne de moi. Son aisance personnelle me garantit que je ne devrai point mon triomphe à des vues bassement intéressées. Je ne la séduirai point par l'éclat de la jeunesse ; mais je ne l'effraierai pas non plus par l'aspect de la caducité. Je commencerai par l'intéresser ; j'entretiendrai ensuite cette première impression par toutes les illusions que je m'efforcerai de faire naître autour d'elle. Voilà un fonds d'occupation, au moins pour une quinzaine de jours.

Par quelle voie Paolo, c'est le nom du Messinois, avait-il obtenu ces détails qu'il avait recueillis sur Pauline ? Le moyen avait été fort simple : il était venu d'abord louer une petite chambre dans la maison où les deux dames étaient descendues. Cette chambre était à côté de celle qu'occupait Atkinson, ce qui avait donné à Paolo les moyens d'épier ses démarches : il l'avait suivi de loin dès le lendemain matin. A peine avait-il fait quelques pas sur la petite place de la Trinité, voisine de celle de Saint-Marc, que le bon Atkinson avait rencontré un Anglais de sa connaissance ; après les premiers embrassemens, ils s'étaient acheminés vers un café où ils étaient entrés. Paolo les avait suivis et s'était placé à une table voisine de la leur. Cet Anglais avait été l'un des camarades de collège d'Atkinson ; ce dernier lui raconta une partie de ses aventures ; il fit entrer dans son récit l'épisode de son salut miraculeux par la généreuse bienveillance de Pauline, le serment qu'il avait fait de s'attacher à son service, ses voyages sur mer, le recouvrement de son patrimoine, les courses qu'il venait de faire dans le Nord, sa récente arrivée à Venise et le motif qui y avait appelé madame de Saint-Brice.

Paolo, qui avait déjà parcouru l'Europe, entendait passablement l'anglais ; il ne perdit pas un mot des confidences d'Atkinson, confidences qu'il vint tout aussitôt rapporter à son maître.

Tous deux tinrent conseil et délibérèrent sur ce qu'il y avait de mieux à faire. Après être convenus qu'il y aurait de la maladresse et beaucoup de temps à perdre en cherchant à s'introduire chez les deux dames, où, en supposant qu'on y réussît, des tiers continuellement placés auprès de Pauline, réduiraient le signor Mendocci au rôle ennuyeux d'amant transi, il leur parut à tous deux plus expédient d'employer un innocent stratagème pour éloigner Pauline de ses amis, la conduire en Terre-Ferme et la déposer dans la mai-

son de plaisance du sénateur, où il mettrait en œuvre tous les moyens de séduction que les circonstances lui suggére-
raient.

Paolo prévint son maître qu'il allait retourner à son nouveau logement, et que
là, il ne négligerait rien pour faire connaissance avec Atkinson dont l'habituelle franchise ne pourrait manquer de le mettre au
courant de toutes les démarches de Pauline et de son amie.

Le sénateur lui mit dans les mains une
poignée de sequins pour faire face aux dé-
penses imprévues, et lui indiqua les lieux
où il le pourrait trouver pendant le cours
de la journée.

Paolo se rendit aussitôt à l'hôtel de
Pauline et monta de suite dans sa chambre. Atkinson était dans la sienne ; le rusé
Messinois combina si bien ses allées et venues qu'ils se rencontrèrent comme par
hasard sur l'escalier. Des excuses sur
l'incommodité qu'il avait pu involontairement lui causer, des offres de service,
le tout exprimé en assez bon anglais, suf-
firent à Paolo pour gagner la confiance
du bon Atkinson qui se laissa pénétrer, et
qui, passant de confidence en confidence, lui apprit que ces dames allaient le
même soir au salut du couvent de San Do-

minico, pour y entendre chanter une jeune professe dont la voix et le talent extraordinaires faisaient alors l'admiration de Venise.

Sur-le-champ, le Messinois courut à son maître et lui rendit les mêmes détails ; il fut convenu qu'une gondole du sénateur serait placée à l'endroit même où Pauline et sa société auraient débarqué, et où devaient les attendre les gondoles qu'elles avaient louées ; qu'à la faveur de la nuit, on établirait une telle confusion, que Pauline entrerait involontairement dans celle qui aurait été préparée, et qu'à l'instant cette gondole, suivie de celle du sénateur, serait dirigée vers le grand canal pour de là se rendre en Terre-Ferme, dans la maison de plaisance de sa seigneurie.

CHAPITRE XXXVI.

Enlèvement. — Repentir. — Réparation.

La chose réussit comme l'avait projeté Paolo. Cinq ou six individus, par lui mis en œuvre, se placèrent entre Pauline et sa société. Le gondolier bien payé, se présenta au nom d'Atkinson ; la foule des personnes et des gondoles ne permettait pas de délibérer : Pauline donna dans le piége, se plaça avec confiance, et bientôt la gondole fut dirigée vers le grand canal.

Au bout de quelques minutes, Pauline s'aperçut qu'on lui faisait faire fausse route. Bientôt elle reconnut le grand canal ; puis elle vit que deux autres gondoles suivaient immédiatement la sienne, et que toutes trois marchaient avec la plus grande rapidité. Les gondoliers chantaient et se répondaient; les deux rivages étaient déserts. Bientôt les gondoles entrent dans la Brenta dont elles remontèrent le cours, et, au bout d'une demi-heure, toutes les trois s'arrêtèrent vis-à-vis d'une avenue formée d'un

double rang d'arbres , au bout de laquelle
on apercevait une habitation charmante :
c'était la maison de plaisance du sénateur.

Sa gondole avait abordé la première. Il
en descendit pour présenter la main à Pauline qui descendait de la sienne. Paolo avait
quitté également sa gondole, et toutes trois
virant de bord , redescendirent la Brenta
avec la plus grande rapidité.

Notre sénateur avait à peine amené
Pauline sur le rivage, qu'en la contemplant
de plus près, il produisit tous les signes
de la plus grande surprise. C'était la signora Favella qu'il avait cru rencontrer ; il
trouvait en sa place une inconnue à laquelle il devait mille excuses ? Une foule
de valets, avec des flambeaux à la main,
descendant de l'avenue, venaient au-devant
de leur maître. Ses démonstrations de surprise, le ton de la politesse la plus parfaite,
les excuses les plus obligeantes et les plus
réitérées suspendirent pendant quelques
instans la terreur de Pauline. Elle s'efforça
de croire à la méprise , et , ne voulant pas
mettre les gens du sénateur dans la confidence , parut un moment incertaine du
parti qu'elle devait prendre. Retourner à
Venise était impossible. Trouver des secours dans un lieu isolé , n'était guère plus
probable. Le titre de sénateur que lui

avaient donné ceux de ses valets qui lui avaient adressé la parole, éloigna en partie de son esprit toute idée de violence. Elle était d'ailleurs peu accessible à la crainte. Il fallait prendre un parti ; c'est ce qu'elle fit sur-le-champ.

Signor, lui dit-elle, il m'est impossible de croire que tout ce que vous venez de me dire soit un tissu d'impostures. Si, comme on cherche à me le faire croire, vous êtes un des chefs de ce gouvernement, vous ne pouvez être un monstre de cruauté et d'injustice. Il ne tient qu'à vous de me persuader que cet événement n'est qu'une méprise, et que la personne qui est devant moi est véritablement un homme d'honneur. J'accepte pour quelques heures un asile chez vous ; mais soyez persuadé que je saurai me garantir de tout mauvais projet que l'on pourrait avoir sur moi.

En prononçant ces dernières paroles, elle présenta la main à son ravisseur que jusqu'alors elle n'avait entendu appeler que du nom de Zanetto.

La fermeté modeste de Pauline, la résolution courageuse qu'elle venait de prendre étonnèrent le noble vénitien qui n'était nullement un méchant homme, et qui n'avait d'autre travers que de courir inconsidérément à ses plaisirs. Son cœur était suscep-

tible de sentimens généreux. Il protesta sur-
le-champ à Pauline que, loin d'avoir aucune
pensée qui l'offensât, il prenait, en présence
du ciel, l'engagement de la respecter comme
un père. Un retour subit sur lui-même lui
fit sentir la faute qu'il venait de commettre,
et contracter avec lui-même la résolution
de la réparer.

Tous deux étaient arrivés au péristyle
de la maison de plaisance, ornée d'un
portique de la plus élégante architecture.
Ce péristyle conduisait à une suite de pièces magnifiquement décorées, et dans la
dernière desquelles ils trouvèrent un souper disposé.

La confusion du signor était si complète,
qu'à peine osa-t-il inviter Pauline de se mettre à table. Tous deux se placèrent sur une
ottomane et restèrent quelque temps sans
parler. Ce fut le noble vénitien qui rompit
le silence.

— Belle étrangère, lui dit-il, vous allez
connaître l'empire que la vertu et la véritable
modestie peuvent obtenir sur mon âme. Au
risque d'aliéner pour quelques momens le
sentiment d'estime que vous semblez me
promettre, je vous dirai la vérité toute
entière. Mon orgueil est humilié de tous
les mensonges dont je viens de couvrir ma
faute. Il n'y a eu ici, belle Pauline, qu'une

méprise volontaire. Ce qui vient de vous arriver n'est rien moins que l'effet du hasard. J'avais tout calculé avec le fripon qui nous a suivis et qui vous a entraînée dans le piége ; mais que les suites de cette criminelle action sont différentes de ce que j'en attendais ! je croyais vous faire tomber en ma puissance ; c'est moi qui suis tombé sous la vôtre. Mes projets se sont évanouis en présence de vos vertus. Je voulais asseoir ma félicité sur des jouissances grossières ; un trait de lumière sorti de vos célestes regards m'a montré toute mon erreur. Je ne suis pas un méchant, belle Pauline, je ne suis qu'un homme faible et égaré. Après avoir rempli mes devoirs de père, d'époux et de citoyen, je pensais qu'il m'était permis de consacrer mes dernières années au plaisir. Une fortune immense m'en donnait la facilité, et depuis je n'ai rencontré que des chimères traînant après elles le repentir. Tout humiliant que soit l'aveu que je vous fais, mon cœur éprouve en ce moment une satisfaction plus réelle que tout ce que j'ai senti jusqu'alors. Belle Pauline, je ne me sens plus digne de rester seul auprès de vous. La nuit est trop avancée pour vous faire reconduire à Venise ; mais je vais placer auprès de vous d'honnêtes personnes dont les cœurs sont aussi purs que le vôtre.

Aussitôt il écrivit un billet, sonna ses gens et remit à l'un d'eux ce même billet, en lui recommandant la plus grande célérité.

Pauline ne s'était vue jamais aussi embarrassée qu'en ce moment. En montrant par trop de défiance dans sa réponse, elle craignait d'outrager un homme qui paraissait véritablement affligé. En s'abandonnant trop promptement à sa crédulité, n'en pouvait-elle pas être dupe? jusqu'alors elle n'avait pas osé regarder son ravisseur en face. Un peu enhardie par la douceur de son organe et l'humilité de son attitude, elle osa le considérer, et ne fut pas médiocrement surprise de voir des larmes qui coulaient le long de ses joues.

Elle n'hésita plus à mettre un accent de confiance dans la réponse qu'elle allait lui faire, lorsqu'au même instant, l'arrivée de plusieurs personnes produisit une diversion agréable pour tous les deux.

C'était une femme âgée et deux jeunes demoiselles d'une aimable figure, toutes trois parentes du sénateur, et qui, maltraitées par la fortune, habitaient un pavillon dépendant de sa maison de plaisance. Le sénateur pourvoyait à leurs besoins de la manière la plus généreuse, particulièrement quant aux frais d'éducation des deux jeunes personnes.

Elles comprenaient et parlaient la langue française. Le sénateur leur recommanda dans cette langue la dame étrangère, pour laquelle il les invita à avoir les plus grands égards ; puis il s'éloigna.

Nous laisserons Pauline entre les mains de ces trois dames pour retourner à son logement et rendre compte à nos lecteurs de l'effet qu'avaient produit son absence, et la certitude où l'on fut que quelqu'événement funeste lui était arrivé. Zara, qu'une sorte de malaise avait retenu à la maison, ne pouvait modérer sa douleur, et répétait que la chose ne serait point arrivée si elle avait accompagné sa maîtresse. Atkinson ne pouvait pas revenir de sa surprise. Madame de Saint-Brice était inconsolable. L'hôte partageait sincèrement leurs peines, et proposait une foule d'expédiens, tous impraticables dans la circonstance. La nuit était commencée ; elle était même très-obscure. Où aller ? à qui s'adresser ? Aucune violence ne paraissait avoir été commise. Ces dames ne connaissaient personne dans Venise. Elles n'avaient parlé qu'à leur hôte, à sa fille et à quelques ouvrières. Nul ne s'était présenté à leur logement. Le mystère de cette disparition paraissait impénétrable.

L'hôte proposait de s'adresser à la police. Madame de Saint-Brice répondit que c'était le dernier expédient auquel il faudrait recourir. Atkinson voulait visiter tous les quartiers de Venise; mais il ne savait pas un mot d'italien. Il n'en serait résulté pour lui d'ailleurs qu'une fatigue inutile. Zara se désespérait. La fille de l'hôte pleurait. Dans cette perplexité, qui ne menait à rien, madame de Saint-Brice imagina d'écrire à son débiteur, le signor Ludovico Mendocci, pour l'inviter à se rendre auprès d'elle dès le soir même si la chose était possible, ayant à réclamer ses services pour un objet très-important.

La lettre fut portée sur-le-champ. Le jeune homme n'était pas chez lui; mais il était attendu. Le messager revint avec la réponse que la lettre serait remise à la personne dès le soir même.

Ni Zara, ni Atkinson ne quittaient les croisées qui donnaient sur le canal. Chaque gondole qui passait et qui s'arrêtait faisait événement. On s'épuisait en conjectures. Enfin, à minuit, parut le signor Ludovico.

Il n'avait su que penser de ce message extraordinaire. Le nom de Saint-Brice lui avait parfaitement rappelé et son engagement, et sa créancière; mais il ne concevait pas comment pour cet objet, assez important pour être remis au lendemain, à une heure plus commode, il était appelé dans le milieu de la nuit. Il dissimula cependant sa pensée en se présentant à cette dame, qui commença par le mettre au fait de ce qui venait d'arriver, et réclama ses bons offices.

Cette confidence ayant donné au jeune homme des idées toutes différentes de celles dont il avait été d'abord affecté, il entra parfaitement dans la peine de madame de Saint-Brice, et, voulant répondre à sa confiance, lui demanda la permission de lui faire quelques questions.

— Depuis combien de temps êtes-vous à Venise?

— Depuis quatre jours.

— Où votre amie et vous avez-vous paru? Quels lieux publics avez-vous visités?

— Le théâtre Saint-Luc, avant-hier, et les galeries de la place Saint-Marc: ce soir, nous nous sommes rendues au salut du couvent de San Dominico.

— Pardon de la multitude de mes questions. N'étiez-vous pas placées sous les galeries de la place de Saint-Marc, en face du quatrième café de la colonnade du Nord, à droite?

— Précisément.

— Plusieurs personnes ne vinrent-elles pas vous y saluer? N'avez-vous pas remarqué particulièrement un homme d'assez noble extérieur, d'environ cinquante ans, qui vous adressa plusieurs complimens, et parut désirer avoir l'honneur de vous mieux connaître?

— Oui, je me le rappelle; ce signor fut même salué très-respectueusement par notre hôte, qui nous dit qu'il était sénateur, que sa fortune était considérable, et qu'il descendait de l'une des plus illustres familles de la république. Il le nomma, je pense, le signor Zanetto.

— Je suspends mes questions. Le signor Zanetto m'est particulièrement connu. Je ne l'accuse pas encore; mais je sais qu'il parut extrêmement préoccupé de la beauté d'une jeune étrangère, et qu'il parla beaucoup hier de cette belle qu'il mettait au-dessus de nos Vénitiennes les plus célèbres. Je n'ai pas besoin d'en savoir plus. Il me sera facile de me mettre sur les traces de votre amie. Je consacre le reste de la nuit à cette enquête. Soyez tranquille, madame; avant peu d'heures, j'espère vous apporter quelques bonnes nouvelles.

Il salua madame de Saint-Brice et partit.

La promesse de Ludovico rassura un peu les amis de Pauline, et suspendit en partie leur consternation. Atkinson ne pouvait

concevoir comment l'un des chefs du gouvernement vénitien avait pu se permettre
un tel acte de violence et d'inhospitalité.
Il citait les lois de son pays, et se refusait
à admettre que, dans une république aussi
respectable, il y eût à craindre de semblables événemens. Enfin, il oubliait le régime
rigoureux de silence imposé sur le gouvernement et les formes politiques de cette
cité, si madame de Saint-Brice ne le lui
eût rappelé.

Cette dame, Zara et Atkinson, étaient
rassemblés dans la même pièce, atten-
tifs au moindre bruit, s'adressant les uns
aux autres quelques paroles, quelques
faibles conjectures que la moindre réflexion
faisait évanouir; puis succédait un long silence; puis un souvenir ranimait l'entretien, qui expirait de nouveau quelques momens après.

L'hôte survint. Il venait d'observer que le
voisin d'Atkinson n'était pas encore rentré.
Il avait semblé à ce dernier l'avoir vu
assez distinctement au sortir du salut de
San Dominico, et ensuite sur les bords du
canal avec la foule; puis il l'avait perdu de
vue. Nouvelle matière à conjecturer. Qu'é-
tait cet homme qui s'était appelé Carletto?
Que faisait-il dans Venise? Quelle était sa
profession? C'était précisément ce sur quoi

l'hôte n'avait aucun bon renseignement à donner. Carletto avait payé sa quinzaine d'avance. Dès lors le bon homme avait jugé que Carletto était une excellente pratique, et un personnage infiniment estimable.

. Au demeurant, que cet homme fût tout ce qu'on voudrait; qu'il fût dedans ou dehors, qu'il rentrât chez lui ou n'y rentrât pas, cela pouvait-il influer sur la découverte du lieu où l'infortunée Pauline était retenue.

Les heures paraissaient des siècles. Le temps marchait avec une lenteur insupportable. Une tristesse universelle régnait de toutes parts.

Vers deux heures arriva un billet adressé à madame de Saint-Brice; il était de l'écriture de Pauline. Voici ce qu'il contenait :

« Rassurez-vous, ma bonne amie ; veuillez tranquilliser Zara et le pauvre Atkinson. A peine ai-je couru le plus faible danger. La providence a fait naître très-à-propos un repentir que je crois sincère. Je suis en ce moment dans d'honorables mains. Nous en serons quittes, je l'espère, moi pour la peur, vous pour l'inquiétude. C'est pour calmer cette inquiétude que je vous envoie un mot. Je ne puis en dire davantage. Demain sera pour tous les quatre un jour meilleur que cette soirée. »

Le soleil se montrait sur l'horizon, quand le signor Ludovico reparut, et vint apporter de nouveaux détails à madame de Saint-Brice.

Le signor Zanetto n'était point à son palais. Ses gens, qui ne l'avaient pas vu de toute la nuit, le supposaient en Terre Ferme. Ludovico y courut. La première personne qu'il trouva chez Zanetto était l'illustre Paolo. Il avait ordre, dit-il, de dire que sa seigneurie n'y était pas; mais il avait trop de respect pour le signor Ludovico pour lui faire un tel mensonge, et supposer que la consigne le regardât. Dans le fait, sa seigneurie venait de repartir seule pour Venise. C'est ce qui devint évident après une exacte perquisition. Qu'avait-il fait d'une jolie dame qu'il avait conduite à sa maison de plaisance? Paolo voulait nier d'abord; un regard sévère et quelques sequins le firent convenir du fait. Où était cette dame? Qu'était-elle devenue? Le Sicilien n'en savait pas un mot. Seulement son maître, qu'il n'avait vu qu'une minute dans la nuit, lui avait paru de très-mauvaise humeur, l'avait traité de coquin, et lui avait défendu de jamais paraître devant lui; ce que lui, Paolo, appelait un acte de

barbarie et d'ingratitude. Très-certainement la dame inconnue n'était pas retournée
à Venise, n'avait point reparu sur les rivages de la Brenta, et devait être dans la
maison, à moins qu'un pouvoir surnaturel
ne l'en eût enlevée. C'était un mystère auquel il ne pouvait rien concevoir. Paolo au
surplus soutenait ne point connaître cette
dame, n'avoir aucunement participé à cet
événement, dont il attribuait tout l'honneur à son maître, qui au total paraissait
avoir aussi mal fini qu'il avait admirablement commencé.

Fatigué des mensonges multipliés de ce
valet, ne rencontrant chez le signor Zanetto aucun moyen de découverte, ni aucun renseignement, il venait prévenir ces
dames qu'il emploîrait la journée qui commençait à poursuivre ses informations.

Madame de Saint-Brice lui montra alors
le billet qu'elle venait de recevoir. Il le lut,
puis en examinant le cachet, il le reconnut
aussitôt pour celui de sa cousine Margaretta, ce qui lui dessilla les yeux sur-le-
champ, et lui donna l'explication des dernières paroles de Paolo.

Je sais madame, s'écria Ludovico, je
sais maintenant où est mademoiselle Pauline. Je ne perdrai pas un moment. C'est
en Terre-Ferme, c'est à la maison de plai-

sance que j'ai visitée cette nuit, que je suis sûr de la retrouver. Avant deux heures votre amie sera auprès de vous.

Zara demanda en grâce d'accompagner le signor Ludovico.—Je ne puis revoir trop promptement ma bonne, mon excellente maîtresse, s'écria-t-elle. Je souffre trop depuis hier soir. Le plus petit coin dans votre gondole me suffira, ne me refusez pas cette grâce.

Ludovico et Zara partirent sur-le-champ. Le gondolier bien payé d'avance par un présent que lui avait fait Zara, faisait voler sa frêle barque sur le canal, il entra avec a même rapidité dans l'embouchure du fleuve, lutta contre son cours, et en peu de minutes arriva en face de l'avenue du palais d'été de sa seigneurie.

Zara soigneusement gantée et voilée donnait le bras au signor Ludovico ; lorsque, dans le péristyle, ils rencontrèrent le rusé Paolo, que Zara reconnut sur-le-champ pour être le Carletto installé dans leur maison. Déconcerté par cette rencontre imprévue, il balbutia, et chercha les moyens d'échapper.

Mais Ludovico, plus agile, lui barra le chemin, et le força de déclarer que son maître, attéré par l'air imposant et les réponses courageuses de mademoiselle Pauline, avait subitement renoncé à ses projets de galanterie; qu'il avait quitté sa maison de plaisance pour retourner de suite à Venise; que quant à mademoiselle Pauline, lui Paolo conjecturait qu'elle avait pris asile auprès de la signora Margaretta.

Zara ayant demandé malicieusement à Paolo si on le reverrait le soir à l'hôtel, il répondit par un éclat de rire, et, trouvant le moyen d'échapper à Ludovico, disparut comme un éclair.

Ludovico toujours accompagné de Zara se disposait à se rendre chez la signora Margaretta sa parente, lorsque Zara, jetant ses regards dans le jardin, aperçut trois femmes entre lesquelles elle reconnut sa maîtresse.

S'élancer dans le jardin, courir avec rapidité, arriver à Pauline et tomber à ses pieds, ce fut l'affaire d'un moment.

— Ma chère Zara! te voilà! je t'ai donné bien de l'inquiétude, embrasse-moi encore une fois !

— Oh! bonne maîtresse, nous vous avons crue perdue. J'ai bien pleuré. Madame de Saint-Brice était inconsolable! Atkinson, ce bon Atkinson! je l'aime encore plus depuis qu'il nous a si bien montré son attachement pour ma maîtresse.

— Excusez, signore, dit Pauline, aux

trois dames, si cette pauvre fille ne s'est occupée que de moi!

— Oh! maîtresse! Je sais, je sais! j'allais dire à ces dames combien j'étais touchée de leurs bons procédés pour vous; mais ai-je eu le temps de tout dire? mon cœur est trop plein.

Ludovico venait de saluer ses parentes et les remerciait des soins qu'elles avaient pris de l'aimable étrangère, quand il aperçut, à travers une charmille qui joignait un bosquet voisin, une personne qui paraissait vouloir les fuir, et qui semblait épier l'occasion de sortir du jardin sans être vue.

L'une des deux jeunes personnes se glissant le long de la charmille, parvint jusque dans l'intérieur du bosquet, et, surprenant le fugitif, reconnut le signor Zanetto Mendocci. Comme elle était en possession de prendre avec lui le ton de la plaisanterie, elle lui demanda ce qui lui avait inspiré la fantaisie de venir les espionner ce matin; puis, passant son bras sous celui de sa seigneurie et le conduisant vers la société : Voici, dit-elle, un prisonnier que je vous amène et que je vous donne à juger.

On peut se faire une idée de la confusion du signor Zanetto, en présence de son fils, de Pauline et des dames qui l'accompagnaient; mais Pauline, Ludovico et la signora Margaretta semblèrent s'entendre pour diminuer autant que possible le poids de cette confusion.

— Vous vous rappelez sans doute, mon père, lui dit Ludovico, que je vous ai parlé diverses fois d'une dette de plusieurs milliers de sequins que j'ai contractée, lors de mon dernier séjour à Paris, vis-à-vis d'un gentilhomme français nommé M. de Saint-Brice; je vous avais prié de m'aider dans l'acquittement de cette dette; votre bonté habituelle ne s'y était pas autrement refusée. Ce pauvre gentilhomme depuis a cessé d'exister; mais sa veuve, dame fort intéressante, vient d'arriver à Venise pour me rappeler mes engagemens. Comme rien de ce qui se passe dans Venise ne peut échapper à vos regards, j'ai présumé que mademoiselle Pauline Bielk, l'amie de cette dame et sa compagne de voyage, n'avait été conduite dans cette maison par vos soins, que pour recevoir le montant de ma dette, en quittancer votre seigneurie, et la remettre de suite à son amie. Cet acte éclatant de générosité ne pouvait que redoubler ma tendresse et mon respect filial, et multiplier les témoignages de cette libéralité qui fait si honorablement retentir votre nom chez tous les peuples du continent.

Le pauvre sénateur, si profondément déconcerté par le dénoûment inattendu de sa tentative amoureuse, en avait l'esprit troublé au point qu'il considéra la proposition de son fils comme un expédient propre à le faire sortir de cette espèce de guêpier. Recueillant ses esprits et prenant sur-le-champ un ton solennel, il répondit gravement à son fils :

Oui, mon fils, je me rappelle parfaitement n'avoir pas rejeté la proposition que vous me fîtes de vous libérer de votre dette. Loin d'avoir eu la moindre raison depuis pour me repentir de cette promesse, votre bonne conduite me ferait aujourd'hui venir à votre secours, quand même je ne m'y fusse pas précédemment engagé. La foi d'un noble vénitien est inviolable. Votre dette, fût-elle de 20,000 sequins, sera acquittée aujourd'hui.

Le signor Zanetto, après ce discours, sembla respirer plus à son aise ; sa prononciation avait plus de fermeté et son regard plus d'assurance. Il pouvait, sans rougir, fixer les traits charmans de Pauline. L'impression des remords et de la honte était effacée sans retour.

Il invita Pauline, madame de Saint-Brice, ses parentes et son fils, à venir dîner avec lui le même jour dans son palais de Venise. Nulle des personnes présentes n'hésita à accepter cette partie. Une sympathie naissante unissait tous les cœurs. Ce dîner promettait à tous les plus douces jouissances. Le coupable avait disparu, pour faire place au père de famille et au magistrat respectable.

On retourna donc à Venise. La signora Margaretta et ses deux filles descendirent au palais du sénateur. Celui-ci courut chez son banquier, et le signor Ludovico eut le plaisir de remettre Pauline dans les bras de madame de Saint-Brice. Témoin de leurs embrassemens, il ne les quitta qu'après leur avoir fait agréer son engagement de les présenter à son père.

Le dîner du sénateur fut très-brillant. Trois ou quatre de ses collègues s'y étaient invités pour voir la belle Pauline. Plusieurs dames de haute distinction y avaient été conduites, entre autres la jeune comtesse Solano, veuve depuis dix-huit mois d'un vieux mari qui lui avait laissé une fortune immense. Cette veuve, illustre dans toute l'Italie, réunissait tous les moyens de plaire, beauté, jeunesse, esprit, fortune, et talens du premier ordre. Elle était douée en outre du naturel le plus doux et ennemie de toute prétention ; Pauline, riche des mêmes qualités, lui plut infiniment.

On a remarqué que le sentiment de la jalousie, qui divise ordinairement les femmes, pénètre rarement dans le cœur de celles qui ont une véritable supériorité. Assurées de leurs avantages personnels, elles redoutent bien moins que les femmes d'un mérite vulgaire, les périls de la rivalité. Se reposant sur les effets de leurs charmes, dont elles ont plus d'une fois éprouvé la vertu, elles sont exemptes de cette inquiétude, de cette susceptibilité qui désole les trois quarts de leur sexe. Leurs liens d'amour sont compatibles avec les douceurs de l'amitié. Seulement elles apportent beaucoup d'attention à ne pas nuire au bonheur de l'amie qu'elles ont choisie. Rarement une femme véritablement aimable et spirituelle ambitionne les succès de la coquetterie. Son empire s'établit sans effort. Deux personnes charmantes réunies dans le même cercle tiennent vis-à-vis de leurs adorateurs la conduite de deux rois voisins et pacifiques qui restent attachés chacun à leurs sujets, sans qu'aucun des deux songe à enlever les sujets de l'autre. La tendre amitié qui règne entre deux femmes aimables présente à l'observateur l'un des plus beaux tableaux qu'on puisse rencontrer sur la terre : les écrivains les plus ingénieux en ont tiré un grand parti, et en ont obtenu les épisodes les plus touchans de leurs ouvrages : témoins Richardson et J. - J. Rousseau.

Il s'établit donc entre Pauline et la comtesse de Solano une intimité aussi prompte que solide. Cette dernière parut se plaire également beaucoup avec madame de Saint-Brice, dont il était impossible de ne pas reconnaître l'ascendant et l'amabilité; mais la conformité d'âge et d'humeur entre les deux premières attacha plus fortement à Pauline le cœur de la comtesse.

La soirée fut charmante. L'amour-propre de l'amphitryon fut ménagé avec le plus grand soin. Il avait fait porter avant le dîner, chez madame de Saint-Brice, le montant de la dette de son fils, à quoi il avait joint une parure en diamans de la plus grande beauté, parure que cette dame voulut inutilement faire accepter à Pauline.

Les autres sénateurs firent preuve d'amabilité. En général Venise le dispute à notre capitale en grâce et en galanterie. L'immense commerce que cette république fit long-temps avec le Levant et l'Europe, y avait répandu d'énormes richesses, dont les débris existent encore dans les anciennes familles. Il règne chez le peuple beaucoup d'industrie, et cette industrie est entretenue, non-seulement par les riches Vénitiens, mais encore par le grand nombre d'étrangers qu'attirent la situation extraordinaire de cette cité, le tableau unique qu'elle présente, et la courtoisie de ses habitans. Les jeunes gens surtout ne peuvent s'en arracher. Qui n'a pas remarqué que là où règne l'aisance sous un ciel favorisé, viennent se réunir les douceurs, ou si l'on veut, les illusions de l'amour et du plaisir!

C'est précisément cette manière d'être qui avait entraîné le père de Ludovico dans la tentative qui lui avait si mal réussi. Habitué, depuis un grand nombre d'années, à rencontrer des femmes qui l'entendaient à demi-mot, et qui rarement lui opposaient une longue résistance, l'enlèvement qu'il avait risqué lui avait paru un expédient tout simple. Ses conjectures de succès, comme nous l'avons déjà dit, l'avaient étrangement abusé; mais il faisait la guerre aux belles en galant homme. La tyrannie et encore moins la violence n'entraient aucunement dans ses intentions. Aussi a-t-on vu avec quelle facilité il avait passé du rôle d'audacieux ravisseur à celui d'homme repentant. Il ne courait qu'après des plaisirs faciles, et loin de penser à réaliser des drames de barbarie et de noirceur, il ne voulait autre chose

qu'abréger les résistances et hâter les dé-
noûmens.

Il avait acheté assez cher, comme on
l'a vu, le silence qui lui fut gardé. Pauline lui avait témoigné de l'amitié et presque de la confiance. Sa noble conduite envers ses parentes dont celles-ci avaient
long-temps entretenu Pauline, n'avait
pas peu contribué à apaiser cette dernière.
Ludovico était enchanté d'un événement
qui l'allégeait d'un fardeau considérable.
Madame de Saint-Brice venait de compléter ses recouvremens. Tout le monde était
satisfait, et ne se quitta que vers le milieu
de la nuit.

De nouvelles peines attendaient Pauline chez elle. Sa fidèle Zara n'avait été
qu'imparfaitement remise de la maladie
qu'elle avait faite à Stockholm. La violence
du froid dont elle avait souffert sur les
deux rivages du golfe de Bothnie, l'avaient
frappée d'une atteinte mortelle. Sa jeunesse et l'habileté de son médecin suédois
lui avaient rendu pour quelque temps l'apparence de la santé. On avait attribué à
la lenteur de sa convalescence et son extrême maigreur et la disparition de ses
forces. Le voyage de Stettin à Venise avait
doublé son état de langueur. Enfin la vive
émotion qu'elle avait éprouvée la nuit der-

nière en ne voyant pas revenir Pauline, et
en la croyant aux prises avec les événemens
les plus funestes, l'avait tout-à-fait accablée.
Une fièvre lente était survenue; et à son
retour il fallut la mettre au lit.

Un médecin fut appelé. Il examina la
malade et ordonna quelques boissons; puis
il se retira; mais Pauline et Atkinson
l'ayant reconduit, il répondit à leurs questions qu'il ne pouvait leur dissimuler l'extrême danger où était cette pauvre fille,
chez qui, dans son opinion, les sources de
la vie paraissaient violemment altérées. Il
remit cependant au lendemain à prononcer.

La nuit fut affreuse. La fièvre redoubla,
et fut accompagnée de transports qui ne se
calmèrent que vers le matin. Alors Zara, à
qui un léger cordial avait rendu quelques
forces, en profita pour recommander à Pauline de faire venir un notaire, et d'écarter,
sous un prétexte quelconque, le bon Atkinson pendant quelques heures. Cet honnête
garçon venait de passer la nuit auprès de la
malade, et ce qu'avait dit le médecin l'affli-
geait outre mesure. Pauline prépara donc
une lettre pour la signora Margaretta,
chez qui elle supposa avoir laissé quelques
effets, et pria Atkinson de lui faire le plaisir
de se transporter de suite en Terre-Ferme,
et de se faire conduire par le gondolier à la

maison de plaisance du signor Zanetto, où
il trouverait la dame à laquelle le billet
était adressé. Atkinson, pour qui les volontés de Pauline étaient sacrées, n'hésita
pas à partir sur-le-champ, malgré sa fatigue et les inquiétudes qui le dévoraient.

A peine était-il monté dans sa gondole
que le notaire arriva.

Il fut reçu dans la chambre de Pauline,
où elle avait voulu que sa Zara fût transportée. Madame de Saint-Brice et Pauline
étaient toutes deux auprès du lit. Dès que
le notaire fut placé et qu'il eût tout disposé
pour écrire, Zara prit la parole :

Je n'ai plus que quelques instans à vivre,
dit-elle en s'adressant à Pauline. Belle maîtresse, le terme de mes jours vient d'être
marqué. Vous m'avez rendue si heureuse,
que je tenais à l'existence. Mais ce sont
d'inutiles vœux, quand la main du grand
esprit s'est appesantie sur ma tête. Je vous
regrette tendrement, maîtresse. Votre pensée me suivra dans la demeure éternelle
qu'il plaira au grand esprit de me donner.
J'espère qu'elle sera bonne, car je ne pense
jamais avoir fait de mal, et si j'en ai fait involontairement, que tous ceux auprès desquels j'ai eu le bonheur de vivre daignent
me le pardonner ; mon cœur y était étranger. Et vous, madame, dit-elle, en s'adres-

sant à madame de Saint-Brice, que je laisse
seule auprès de bonne maîtresse, ajoutez
à toute l'amitié que vous lui portez celle
dont mon cœur est pénétré. Au jour des
réunions, vous me la rendrez, cette portion
d'amitié, et mon cœur aura recouvré le
premier de tous ses biens. Vous, signor, que
j'ai pris la liberté d'appeler, veuillez recevoir la dernière et la plus précieuse de mes
volontés. Un honnête homme, un bon Européen n'a pas dédaigné l'amour d'une pauvre Africaine. Il m'aurait unie à son sort ; il
aurait ainsi bravé les opinions injustes
peut-être de sa patrie. Bien des réflexions,
maîtresse, ont troublé cette attente de
félicité ; mais il n'y faut plus penser.
Tout disparaît pour moi. De ces jours
de bonheur, de cet avenir si bien disposé,
de tous ces biens qui sont votre ouvrage,
il ne reste qu'un tombeau. Il faut savoir
mourir. Je l'apprends bien jeune ! mais peut-
être est-ce tant mieux. J'en aurai plus de
courage. Signor notaire, écrivez seulement
que je donne tout ce que je possède à Tho-
mas Atkinson, anglais, qui nous a accompagnées dans nos voyages, qui m'aima et voulut être mon époux. Ajoutez que mademoiselle Pauline Bielk aura la bonté de lui
faire remettre le peu de biens que je laisse
dans ce monde. Hâtez, signor, vos écri-

tures; je sens que je n'aurai pas encore long-temps la force de les signer.

Le notaire expéditif avait fini d'écrire, lorsque Zara eut fini de parler. Elle signa et paru contente. Mais l'effort qu'elle venait de faire, et l'émotion extrême qui l'avait agitée, l'avaient considérablement affaiblie.

CHAPITRE XXXVII.

Isolement.

L'infortunée Zara ne survécut que trois jours à cette crise. Atkinson désespéré demanda à Pauline la permission de se rendre pour quelque temps en Angleterre, l'obtint et partit.

Pauline était inconsolable. Elle avait reçu tant de preuves de l'attachement de cette pauvre fille ! Son zèle et ses soins l'avaient si souvent soulagée dans ses peines et secourue dans ses dangers ! Elle se reprochait comme un acte d'inhumanité d'avoir imprudemment entraîné dans les régions les plus septentrionales de l'Europe, et au milieu des glaces, une jeune fille née sous les feux brûlans du tropique, et s'accusait ainsi de sa mort. Il fallut toute l'éloquence de madame de Saint-Brice pour éloigner cette fatale idée. Mais chaque objet, chaque incident la ramenait et entretenait sa douleur.

Elle fut encore augmentée, cette douleur, par une lettre que reçut madame de Saint-

Brice de son gendre, datée de Lorient. Il arrivait de l'île de la Guadeloupe, où il avait été recueillir une succession considérable. Sa femme l'avait accompagné. Elle avait passablement supporté la fatigue de la première traversée, et s'était assez accommodée du climat de cette colonie; mais au retour, elle était tombée malade à bord, et venait de débarquer presque mourante à Lorient. Elle demandait vivement la présence de sa mère, et avait conjuré son mari de lui donner cette dernière satisfaction. Celui-ci avait, en conséquence, écrit dans toutes les villes où il savait que sa belle-mère devait successivement se rendre pour ses recouvremens, et la lettre adressée à Venise venait de lui parvenir.

Madame de Saint-Brice, placée entre l'obligation de céder à un appel aussi sacré et la difficulté d'abandonner Pauline dans une ville étrangère, où elle l'avait en quelque sorte entraînée, et d'effectuer cet abandon au moment où son amie était en proie à une douleur toute récente, avait d'abord essayé de lui dissimuler le contenu de la lettre. Mais comme elle l'avait reçue en présence de Pauline, qu'elle en avait commencé la lecture devant elle, et que l'interruption subite de cette lecture avait fait pénétrer à Pauline une partie du secret qu'on voulait lui cacher, il fallut bien tout dire, et se rendre aux instances de Pauline elle-même, qui se serait crue coupable d'arrêter les pas d'une mère appelée par sa fille mourante.

Après un combat mutuel de générosité, il fut arrêté que madame de Saint-Brice partirait le lendemain matin pour Lorient, sauf à organiser entre les deux amies les moyens de correspondre.

Le lendemain madame de Saint-Brice se mit en route.

Ainsi disparut en peu de jours ce que Pauline avait de plus cher autour d'elle. La mort lui avait ravi sa fidèle Zara! Le désespoir avait éloigné le bon Atkinson! Les devoirs sacrés d'une mère avaient séparé Pauline de sa respectable amie! Des nouvelles qu'elle avait reçues dernièrement par la voie du commerce, lui avaient appris que la maison Van Stewens, d'Amsterdam, comptait sur le prochain retour de Charles de Scelles, mais qu'elle n'avait rien de positif à cet égard; seulement on assurait que les dernières lettres écrites de Batavia annonçaient qu'il y était revenu en bonne santé, et qu'il allait se remettre en route pour l'Europe.

La position de Pauline était affligeante. Seule sur une terre étrangère où peu

de jours auparavant les lois de l'hospi-
talité et de la sûreté personnelle avaient
été violées à son égard, ne pouvant
s'adresser qu'à des gens que le seul intérêt faisait mouvoir ; sans patrie, sans famille, elle était retombée dans ce même
néant où elle s'était vue, lorsque le chétif
asile qu'elle avait obtenu à Paris chez une
lingère lui avait été impitoyablement refusé ! Elle avait à sa disposition quelques
richesses de plus. Mais quel bienfait du
ciel pouvait adoucir la douleur d'un tel
isolement ? Pourquoi donc la providence
lui avait-elle donné un cœur si sensible à
l'amitié, quand cette même providence
semblait avoir résolu de la laisser seule
sur la terre ?

Son âme était pénétrée de l'amertume
de ces réflexions, des larmes involontaires
attestaient sa douleur, lorsque la comtesse
de Solano fut introduite auprès d'elle.

Cette charmante femme venait d'apprendre ce qui était arrivé à Pauline, et
accourait avec empressement pour la consoler. Elle se dévouait toute entière à elle,
et, lui représentant que la carrière de la
vie est une alternative continuelle de bien
et de mal, s'offrait à remplacer, par ses
soins et sa tendre amitié, au moins une
partie des biens qu'elle venait de perdre.

Ce langage et ces offres de services touchèrent profondément Pauline : il lui semblait que cette même providence, qu'elle avait invoquée peu de momens auparavant, venait subitement à son secours, et s'était empressée de l'exaucer. La comtesse exprimait si éloquemment les sentimens dont elle paraissait affectée, les traits séduisans de sa figure étaient si parfaitement d'accord avec ses discours, qu'elle produisit l'effet sur lequel elle avait compté. Le baume salutaire de la consolation coulait de ses lèvres pour passer dans le cœur de sa nouvelle amie. Pauline ne put résister plus long-temps à ce charme ; elle tendit les bras à la comtesse, qui la serra dans les siens, et toutes deux, à l'instant de cette douce étreinte, se jurèrent une amitié éternelle.

Le cœur expansif de Pauline avait besoin de cet incident pour être ramené à la sérénité. L'indépendance absolue de la comtesse, sa fortune considérable, le haut rang qu'elle tenait dans le monde, la considération générale qu'elle y avait obtenue, les familles du premier ordre auxquelles elle tenait par sa naissance et par son mariage, ne permettaient pas d'attribuer à ses offres d'amitié aucune vue d'intérêt ou d'utilité personnelle : l'attachement qu'elle montrait à Pauline, et la vive inclination qui paraissait l'entraîner vers elle, pouvaient donc être regardés comme l'effet de cette sympathie qui appelle l'un vers l'autre deux cœurs faits pour s'aimer et s'estimer.

On prononce depuis long-temps en Europe, et particulièrement en France, avec trop de sévérité et même d'injustice sur la nation italienne. Les femmes de ce pays ne sont rien moins qu'appréciées. Les diverses capitales du continent sont habituellement inondées d'aventuriers des deux sexes venus de cette contrée, et d'après lesquels l'Européen asseoit son opinion sur l'ensemble de la nation : c'est absolument comme si l'on jugeait du mérite d'un vin d'après la lie sur laquelle il repose. Des chanteurs, des bateleurs et des courtisanes, tels sont les échantillons sur lesquels on prononce sans appel ; c'est sur une semblable erreur que, dans le cours des deux siècles derniers, le peuple anglais avait établi son opinion sur le peuple français. Quelques individus, ou consacrés à la domesticité, ou exploitant une misérable industrie, venus en Angleterre pour y gagner leur vie ou pour y faire des dupes, avaient fait croire aux orgueilleux Bretons que la nation rivale qui les avoisine était toute composée de semblables élémens.

En Italie, la majeure partie de la noblesse, les grands propriétaires, le commerce et la haute industrie, présentent dans leurs mœurs et leurs habitudes un tableau de pureté et de modération. L'ordre, l'économie et la sobriété se rencontrent dans toutes les maisons bien réglées. Tous les membres de chaque famille sont étroitement liés entre eux. La douceur du climat, la simplicité des goûts, les bienfaits d'une aisance à peu près générale, entretiennent cette harmonie intérieure. L'Italien, en fait de religion, assez coulant sur le dogme, reste fermement attaché aux principes de la morale évangélique : chacun y remplit ses devoirs sans ostentation. Les plaisirs bruyans, les théâtres et autres genres d'établissemens, sont consacrés spécialement aux riches et aux étrangers. Les classes mitoyennes n'y mettent que rarement le pied ; et n'était le goût universel des Italiens pour la musique, et le tribut d'admiration qu'ils se plaisent à payer aux talens distingués, ils ne s'y montreraient jamais.

L'Italien est généralement très-doux; ce caractère distinctif de jalousie et de soif de vengeance, qu'on se plaît à lui prêter,

existe bien moins en Italie que partout ailleurs. Certaines coutumes qui y sont établies depuis un temps immémorial prouvent
des dispositions d'esprit et d'humeur diamétralement contraires. Il est reconnu qu'il
faut avoir violemment provoqué la sécurité italienne pour amener un pacifique
mari à un régime de surveillance, et à des
actes d'emportement vis-à-vis de son infidèle moitié. La paix intérieure règne dans
presque tous les ménages; et si la fidélité
conjugale, chez quelques-uns, prend un
caractère de scandale, une transaction loya-
lement passée entre deux époux qui ont
cessé de se convenir, produit une manière
d'être qui prévient tout emportement.

La comtesse Solano se proposait de
parcourir l'Italie et de se rendre en
Sicile. Elle devait visiter plusieurs amies
et quelques grands parens. Le cœur libre
de tout lien d'amour, elle désirait mettre à profit son existence indépendante.
Elle était assurée de recueillir beaucoup
d'hommages et se faisait une fête de les
voir partager par Pauline. Pénétrée d'un
goût très-vif pour les arts et leurs ingénieux produits, elle attachait un grand prix
aux diverses sensations qu'allait produire
la contemplation des ruines imposantes de
l'ancienne Rome et les chefs-d'œuvre de la

nouvelle. Déjà elle avait fait part de ce projet à Pauline, qui y avait applaudi. Pauline avait besoin de diversion; quoi de mieux que de faire ce voyage ensemble! Aucune affection, aucun intérêt ne les retenait; autant partir plus tôt que plus tard. Telle fut la résolution définitive des deux amies.

Assez accoutumée à ces changemens de de positions, Pauline se livra aux préparatifs de son départ. La comtesse attacha à son service une jeune fille milanaise dont elle avait été fort satisfaite. Un domestique d'un courage éprouvé leur devait servir d'escorte, et elles partirent dans une excellente voiture de poste, des rivages de la Brenta pour se rendre d'abord à Padoue. Elles suivirent ensuite leur route par Vérone, Mantoue, Parme, Modène, stationnèrent à Notre-Dame-de-Lorette; et, traversant l'Italie de l'orient à l'occident, arrivèrent à la célèbre Rome, jadis capitale de l'empire du monde connu, aujourd'hui la métropole de l'église catholique.

Les cités qui viennent d'être nommées ont occupé la plume de tant de voyageurs et d'écrivains, les merveilles qu'elles contiennent ont été si fréquemment décrites, que ce serait tomber dans des répétitions interminables, que d'entreprendre de re-

tracer ici les sensations de surprise et d'admiration qu'elles firent successivement
éprouver à Pauline, qui ne retrouvait que
dans Saint-Pétersbourg, cette moderne capitale de la Russie, des monumens comparables aux richesses d'architecture et de
sculpture qu'elle rencontrait à chaque pas
dans ces magnifiques cités.

Mais combien son admiration fut sus-
pendue ou plutôt fut obligée de faire place
à une sorte de stupeur lorsqu'elle arriva à
ce que l'on appele aujourd'hui *la campagne
de Rome*, c'est-à-dire, à ces marais fan-
geux frappés d'une affligeante stérilité, et
laissant exhaler de toutes part une odeur
infecte dont les miasmes se concentrent sur
la cité sainte, et en font un séjour de maladie et presque de destruction.

De quelle malédiction avait donc été
frappée cette terre célèbre, si féconde en
grands hommes et en événemens mémora-
bles ! Qu'était donc devenue cette population si nombreuse, qu'il suffisait aux chefs
de ce grand peuple de frapper la terre du
pied pour en faire sortir d'innombrables
légions et des millions de soldats ! Cette
terre, aujourd'hui maudite, n'avait-elle
pas nourri de ses produits une multitude
immense ? Un soleil vivifiant et les travaux
des hommes n'entretenaient-ils pas autre-

fois une magnifique et nécessaire fécondité ?
Aujourd'hui Rome, placée au centre d'un
désert infect, n'aperçoit plus dans ce
même désert que quelques habitans dont
la lividité et la maigreur extrême attestent
la misère, et qui viennent chercher dans
Rome même quelques alimens que la nature leur refuse sans pitié.

Ainsi, d'après une volonté suprême et
irrésistible, la solitude succède à la population ; la pauvreté extrême à l'extrême opulence, le néant aux grandeurs, et
le plus morne silence aux acclamations
triomphales !

Le cœur de Pauline, comme celui de
son amie, étaient accablés de tristesse, lorsqu'elles entrèrent à Rome par *la porte du
Peuple*. La magnificence de cette entrée,
formée par quatre rues superbes qui viennent y aboutir, et par deux édifices sacrés
et de la plus noble architecture qui les sé-
parent, ne put effacer l'impression douloureuse dont elles venaient d'être frappées.
Cette ville, plus vaste que peuplée, ne présente que peu de mouvement: des prêtres,
des religieux, des mendians et quelques
étrangers, sont presque les seuls êtres animés
qu'on rencontre. On était au mois de juillet.
L'homme riche et l'habitant aisé avaient
quitté la ville, et s'étaient retirés dans des

maisons de campagne placées à environ
sept à huit lieues de distance. Le Tibre était
aux trois quarts desséché, et les ponts magnifiques qui en marquent le cours annonçaient bien plus ce qu'il pouvait deve-
nir par les crues d'eau, que ce qu'il était
réellement.

De tous ses monumens antiques et modernes, ceux qui frappèrent le plus vivement nos voyageurs, furent *le Colysée* et *la
basilique de Saint-Pierre.*

Il ne reste aujourd'hui qu'un tiers au
plus du premier de ces édifices ; encore ce
tiers, dépouillé de ses marbres, de ses colonnes et de ses statues, est-il réduit à une
simple maçonnerie brisée dans toutes ses
parties. Mais ses nobles et vastes dimensions annoncent la grandeur du peuple auquel il était destiné, les hautes pensées de
l'homme qui l'avait conçu, et le génie de
l'architecte qui l'avait exécuté. Son aspect
fait reculer les hommes du siècle actuel,
qui, tout vains qu'ils puissent être, sont
confondus en contemplant ce miraculeux
effort des générations qui les ont pré-
cédés.

Cette impression de surprise et de respect ne peut toutefois être éprouvée que
par un esprit réfléchi et cultivé.

Le conseil ignorant d'un pape, cédant à

quelques sollicitations de spéculateurs, avait amené le pontife à abandonner ce monument à la fureur destructive du peuple. A peine cette singulière faveur avait été manifestée, qu'un concours immense de bras s'était acharné à la destruction de ces magnifiques ruines. Un homme de goût, honoré de l'amitié du pontife, témoin de cet acte de vandalisme, accourut auprès de S. S. et la conjura de révoquer sur-le-champ sa permission ; ce à quoi il parvint. Le peuple, en conséquence, fut contraint d'abandonner ses travaux et de se retirer.

Ce qui frappa ensuite le plus vivement la comtesse et Pauline dans la contemplation de la basilique de Saint-Pierre, fut l'admirable proportion qui règne dans son tout et dans ses parties. Michel-Ange, l'homme le plus étonnant et le plus universel de son siècle, s'était particulièrement pénétré des lois de la perspective, et appliqua ses études avec tant de bonheur et de génie, que, sur quelque point que l'on s'arrête dans l'intérieur de ce sublime édifice, tout ce que l'œil aperçoit paraît être dans une harmonie parfaite; les distances sont absorbées par la justesse des points de vue. Cette basilique est cependant si vaste, que si du principal portique l'on porte les yeux

vers le maître autel placé au fond du chœur,
le prêtre qui officie semble n'avoir que quelques pouces de hauteur ; et cependant l'ensemble du tableau est rempli de majesté.

Ce n'est qu'en Italie que les architectes et les peintres ont étudié profondément cette magie. A peine en connaît-on les premières règles dans le reste de l'Europe. Sauf les monumes d'architecture gothique dont les Maures, dans l'espace de plusieurs siècles, ont couvert l'Europe chrétienne ; la plupart des autres édifices publics, construits par les architectes modernes du pays, présentent des fautes choquantes contre les règles de l'optique et la magie de la perspective (1).

------

(1) La nouvelle Sainte-Geneviève, commencée par Louis XV, poursuivie sous Louis XVI, continuée depuis par les révolutionnaires, et à peu près achevée sous Buonaparte, attesta d'abord l'ignorance extrême de ses architectes, tant dans les lois de la statique, que quant à la nature des matériaux qu'ils employaient. Le dôme était sur le point de s'écrouler, et d'écraser le corps de l'édifice ; malheur épouvantable, que l'on prévint cependant, en ajoutant aux impuissans soutiens du dôme, une masse énorme de maçonnerie qui permit de reprendre les parties écrasées, et d'en accroître la puissance, en ajoutant à leur épaisseur ; aujourd'hui ce soutien provisoire a disparu, et le monument a été reproduit, non pas

En sortant de la basilique de Saint-Pierre,
nos deux dames se virent aborder par un

tel qu'il devait être, mais avec des modifications
inséparables des suites d'une faute aussi lourde :
cette église, ainsi privée de ses développemens,
ne présente aujourd'hui ni perspective ni aucune
autre espèce de magie. L'homme de goût détourne
involontairement ses regards de ces masses de
pierres pressées les unes contre les autres, et qui
ne font supposer ni air, ni espace, ni prestige
d'aucune espèce.

Cet édifice eut, aux époques révolutionnaires,
diverses destinations. On y déposa les restes de
Voltaire avec une pompe magnifiquement bur-
lesque ; on essaya, mais en vain, d'y joindre les
cendres de *J.-J. Rousseau.* Enfin on décida d'y
placer *ceux des grands hommes de la révolution
qui allaient de vie à trépas.* Les nombreux mas-
sacres de 1794 ne permirent pas de tenir parole. Cependant on continua d'y enterrer les
membres du *sénat impérial.* Alors l'édifice avait
été débaptisé ; ce n'était plus *Sainte-Geneviève,*
mais bien *le Panthéon,* dénomination qu'il con-
serve encore aujourd'hui. Je me rappelle qu'allant
visiter *le Panthéon,* en 1806, avec diverses personnes de ma province, le concierge, faisant l'of-
fice de *cicéro,* nous dit avec un air de solennité
et ce style déclamatoire qu'il avait sans doute em-
prunté de quelque montreur de curiosités : *Vous
allez, messieurs et dames, descendre dans l'É-
glise basse ; elle est destinée depuis 1790, à recueillir les cendres des grands hommes. On n'a
pas encore commencé ; en attendant on y place
les sénateurs.*

jeune homme d'un extérieur noble, qui salua la comtesse, en la nommant sa parente. C'était un neveu du feu comte Solano, dont la famille résidait à Naples, et qui était venu passer quelques jours à Rome.

Un autre monument d'architecture moderne atteste également l'ignorance des lois de la perspective de la part des artistes qui y ont contribué; c'est LA COLONNE DE LA PLACE VENDÔME, faite, dit-on, à l'imitation de la colonne Trajane. l'artiste français ne s'est pas aperçu que les sculptures en marbre blanc qui parcourent en spirale le fût de la colonne Trajane, accroissent de dimension à mesure qu'elles s'élèvent, de manière que le spectateur en embrasse les parties et l'ensemble, avec le secours et par les ingénieuses proportions qu'a suivies le sculpteur; l'auteur du ruban qui couvre le fût de la colonne de la place Vendôme, au contraire, a maintenu son dessin dans la même proportion, sans prévoir que l'élévation progressive de la spirale réduirait le dessin à des proportions hors de toute harmonie et absolument inapercevables dans le point le plus élevé, aussi ne peut-on distinguer que les deux premiers tours ; le surplus se perd de plus en plus dans la vapeur, et ne sert qu'à attester l'imprévoyance de ses auteurs.

Je ne parle pas du bas-relief ou sous-bassement qui présente un groupe d'armes et de costumes militaires, tant anciens que modernes : l'ensemble en est tellement indigeste, qu'on s'afflige de voir dans un monument de gloire, des preuves si affligeantes de médiocrité. — *Note de l'Éditeur.*

Ce jeune homme, ami des arts, se plaisait beaucoup dans cette capitale où fourmillent les hommes à talent les plus célèbres de l'Italie, et les modèles les plus parfaits dans tous les genres. Maître d'une fortune indépendante, il en employait les revenus à satisfaire ses nobles goûts, dont ne parvenaient point à le distraire des fantaisies plus ordinaires aux hommes de son âge et de son rang. Il aimait beaucoup la comtesse, préférait sa société à celle des autres personnes de sa famille, et parut très-satisfait de l'avoir rencontrée dans la capitale du monde chrétien. Il offrit aux deux dames de les accompagner dans les courses qu'elles se proposaient de faire tant dans la ville que dans les environs, pour y voir ce qu'il y avait de remarquable. Il s'engagea également à les introduire chez les gens de la première distinction, réunissant dans leurs galeries ou dans leurs cabinets les chefs-d'œuvres de peinture et de sculpture des plus grands maîtres de l'Italie.

La comtesse accepta sans hésiter les offres de son jeune parent, appelé Borroméo, ce qu'elle fit d'autant plus volontiers qu'il était sans prétention aucune, et que ni elle, ni Pauline, toutes charmantes qu'elles pouvaient être, n'avaient aucunement à redouter de lui des empressemens indiscrets ni des hommages importuns.

On convint donc qu'à partir du lendemain, Borroméo se rendrait, vers dix heures du matin, chez les deux dames, et qu'aussitôt le déjeuner, on se mettrait en route.

L'extrême chaleur du jour avait forcé nos dames à rester chez elles après le dîner. La soirée devait être longue. Un piano qu'on avait demandé à l'hôte ne devait venir que le lendemain. La comtesse et Pauline se trouvaient vis-à-vis l'une de l'autre sans moyen aucun de distraction. Pauline prenait assez bien son parti sur cette situation monotone; mais elle remarquait depuis peu un fonds d'inquiétude sur la figure de la comtesse, et dans ses manières une distraction continuelle. Un silence presque absolu, des larmes qui s'échappaient involontairement, et que l'aimable Italienne s'efforçait de dissimuler, inquiétèrent son amie, et la déterminèrent à lui demander, non pas quel était le principe de ses peines, mais au moins s'il lui serait possible d'en diminuer l'amertume.

— Oui, ma chère Pauline, répondit la comtesse; envain ai-je voulu dissimuler. J'ai besoin depuis long-temps d'une vérita-

ble amie à qui je puisse ouvrir mon cœur
et confier tous mes secrets. Le premier
jour que j'eus le bonheur de vous rencontrer je pensais que vous deviez être cette
amie : mon âme vola vers vous; mais je ré-
sistai cependant, autant qu'il me fut possible à vous accabler du récit de mes peines.
Je pensai qu'il y aurait de ma part de l'é-
goïsme , et presque de la cruauté à troubler
votre sécurité, ou à doubler le poids des
peines qui vous sont personnelles, en exi-
geant, par mes confidences, que vous vins-
siez à mon secours.

— Vous feignez d'ignorer, chère comtesse, que les cœurs éprouvés par l'infortune sont les seuls sensibles aux chagrins
de leurs amis. J'ai ma part de la masse
d'adversités répandues sur la terre; et celles
qui m'ont été départies , sont d'une telle
nature, que je suis réduite à me fuir moi-
même, à errer de climat en climat, jusqu'à
ce qu'enfin l'arbitre suprême de ma destinée, daignant s'occuper de moi, et m'adressant un regard de bonté, m'accorde cette
portion de paix et de bonheur qu'il m'avait
permis d'espérer. Parlez-moi, mon amie ;
ouvrez-moi votre cœur; dites-moi vos souf-
frances, je vous raconterai les miennes,
ou plutôt j'ajouterai quelques détails à ce
que je vous ai déjà confié : nous cherche-

rons ensuite des moyens de consolation soit pour l'une, soit pour l'autre.

— Femme charmante! votre cœur acquitte fidèlement tout ce que promet votre aimable figure. Eh bien, je cède enfin à ce double prestige; n'eussé-je à espérer que la douceur d'épancher mon secret, je n'hésiterai plus à vous présenter un exposé fidèle de tout ce que j'ai souffert jusqu'à ce jour, de ce que j'ai encore à redouter pour l'avenir, ainsi que des mesures que je me propose de prendre pour échapper à la plus douloureuse position.

Dès mon plus jeune âge j'habitais un palais. Ce palais était la demeure du marquis de Tolentino, issu d'une des premières maisons de l'Italie, possesseur de domaines immenses, et l'époux d'une femme excellente, qui lui avait également apporté de grands biens. Tous deux sans enfans, quoique mariés depuis huit années, s'étaient vivement attachés à moi; ils m'appelaient leur fille; ils en avaient la tendresse. Je pensais être placée auprès d'un bon père, et d'une excellente mère. J'acquittais leurs soins par les plus vives caresses, et une continuelle application. Aux études dont se composait mon éducation, j'apportais un esprit docile et laborieux. J'étais enchantée de mettre sous les yeux de mes

chers parens un dessin auquel avait applaudi mon maître, de leur faire entendre
une sonate que je venais d'étudier sur
le piano ou la harpe, et de leur répéter
un air de bravoure, ou un rondeau, dans lequel on m'avait applaudi. Je réussissais également dans l'étude de la danse et des
langues vivantes, dans plusieurs desquelles
je savais écrire et m'exprimer passablement
dès ma quatorzième année.

Mes petits talens enchantaient mes bons
parens, et me valaient déjà une sorte de réputation. Il n'était bruit à Florence, c'est la
ville que j'habitais alors, que de la jeune
Fioretta. Le palais du marquis de Tolentino était le rendez-vous des plus aimables
cavaliers de l'Italie. On y donnait de fréquentes fêtes, et chacune d'elles me four-
nissait l'occasion de me faire admirer. Heureusement que l'orgueil ne vint pas mêler
ses travers dans mes petits succès. J'étais
naturellement bonne et modeste. Je ne
m'estimais heureuse que par la satisfaction
que je lisais sur les visages, et que je re-
marquais dans les discours de mes chers
parens. J'avais même contracté l'habitude
de ne pas nuire aux efforts de celles de mes
compagnes qui n'avaient pas aussi bien
réussi que moi dans la culture des arts dont
l'étude nous était commune. Ce sentiment

de bienveillance que je portais à toutes
les personnes dont j'étais environnée reflé-
tait en quelque sorte sur moi. A seize ans,
j'étais la jeune personne la plus fêtée et la
plus heureuse de l'Italie.

Le comte de Solano, seigneur napolitain, âgé de cinquante-deux ans, veuf depuis quelque temps, parcourant l'Italie
pour se distraire, parut à Florence et se fit
présenter chez le marquis Tolentino. Sa
fortune était immense. Il possédait de vastes
domaines dans le continent et dans la Sicile.
Parfaitement instruit et cultivé, il passait
pour un homme très-aimable. Les années
ne l'avaient pas encore flétri. On lui fit l'accueil le plus flatteur. Il fut admis dans l'intimité de la marquise, qui, pleine d'une
tendresse éclairée pour moi, se garda bien
de briguer ses suffrages en ma faveur, en
m'obligeant de développer mes talens en sa
présence. Les occasions vinrent successivement les lui faire connaître, sans que rien
parût les provoquer. La séduction qui en
résulta fut plus vive et plus profonde.

J'ai remarqué qu'en général les mères
qui s'empressent à produire dans la société
les diverses petites perfections de leurs demoiselles, manquent presque toujours le
but auquel elles se proposent d'atteindre.
Cet étalage est aussi fastidieux pour celui

qui en est le témoin, que pour celle qui a été obligée de s'y soumettre. Le premier s'acquitte par quelques complimens vulgaires, et se sent allégé du fardeau de l'attention, dès que l'exercice est fini. La jeune fille qui s'était flattée d'embraser l'admirateur, reste toute confuse d'avoir manqué l'effet sur lequel on lui avait ordonné de compter.

Le noble napolitain s'enivra à longs traits de la découverte successive de mes perfections. Il fut aisément persuadé, sur l'inspection d'une longue suite de dessins, que toutes les années de ma jeunesse avaient été exclusivement employées à dessiner ou à peindre. La nécessité où je me trouvai quelques jours après, d'accompagner avec le piano ou la harpe une de mes compagnes chantant un air de Léo ou de Pergolèse, lui révéla que j'étais en outre bonne musicienne et habile exécutante. M'ayant conduite plus tard dans un bal, la perfection avec laquelle je dansai, ne manqua pas d'accroître son admiration. Quelques mots d'anglais ou de français que je prononçais par hasard, et que la circonstance avait rendus indispensables, avaient achevé le charme, et dans son enthousiasme, il ne manquait pas de m'appeler *la merveille de l'Italie*.

Les goûts des Italiens sont de véritables passions. L'admiration qu'ils portent à notre sexe est presque toujours excessive. L'Italie présente , bien plus que d'autres pays , des exemples fréquens de cette vérité. Les plus grands seigneurs, les propriétaires les plus opulens, lorsqu'ils sont dominés par un violent amour, n'hésitent pas à contracter des mésalliances dont partout ailleurs on ne voit que de rares exemples. Les illustres cantatrices et les femmes célèbres du théâtre amènent avec beaucoup de facilité le plus distingué et le plus épris de leurs adorateurs à mettre à leurs pieds son nom, sa personne et son opulence. Le signór Tolentino et son épouse, voyant le pauvre comte Solano violemment touché de mes charmes, conçurent alors le projet de me le donner pour époux. D'abord ils me consultèrent , et je n'eus aucune raison de leur opposer de la résistance. Mon cœur était libre alors. Le comte Solano était aussi aimable qu'un homme de son âge pouvait l'être. Il avait mille complaisances, et semblait ne respirer que pour moi. Cet hommage me flattait. En attendant qu'il arrivât jusqu'à mon cœur , il avait intéressé ma vanité. Mon esprit était en général facile à subjuguer. J'étais naturellement soumise aux volontés du marquis et de la marquise

Je leur répondis donc qu'ils pouvaient compter sur mon obéissance.

Mon mariage fut résolu. Le comte paraissait enchanté. Mais, avant de rien conclure, son amour fut mis à une épreuve qu'on me fit partager, et qui depuis a réglé le destin de ma vie.

Nous étions un soir réunis, le marquis Tolentino, son épouse, le comte Solano et moi. Le souper venait de finir. Les domestiques étaient retirés, lorsque le marquis, prenant l'accent le plus solennel, après avoir provoqué notre attention, nous tint le discours suivant :

Monsieur le comte, l'empressement que vous témoignez à contracter alliance avec nous, l'honneur que vous faites à cette jeune personne de la choisir pour votre épouse, excitent notre reconnaissance et notre joie. Il est de mon devoir et de celui de la marquise de répondre à cet honorable procédé, par la vérité et la franchise. Il nous serait peut-être facile de nous épargner la confidence que je suis déterminé à vous faire et d'entretenir une erreur que partagent nos parens, nos amis et toute la ville de Florence ; mais le silence dans lequel je me maintiendrais serait désavoué par l'honneur et la probité.

C'est sur Fioretta, c'est sur cette infor-

tunée que vont porter les suites doulou-
reuses de l'aveu que je suis résolu à vous
faire. Elle n'est point fille de la marquise
Tolentino.

En entendant ces derniers mots, je ne fus
plus maîtresse de moi ; je courus me précipiter aux pieds de la marquise. Je pris
une de ses mains que je baignai de mes
pleurs, et toute mon action n'annonça que
trop le désespoir qui me suffoquait.

Cette bonne marquise, se saisissant de
moi et m'élevant jusqu'à son respectable
visage, me couvrit de baisers, et s'écria :
en dépit de tout, tu seras toujours ma fille,
ma fille chérie et la bien-aimée de mon
cœur.

Le comte Solano était immobile de surprise et d'attendrissement.

Le marquis reprenant la parole : Cal-
mez-vous tous les trois. Écoutez avec attention ce qui me reste à vous dire. De
l'impression que vous allez recevoir, dépend
notre avenir à tous.

La longue stérilité de la marquise m'af-
fligeait et déconcertait mes plans. Je voyais
mon nom s'éteindre et mes biens passer à
des collatéraux auxquels nous ne portions
que le plus médiocre intérêt. Mon attachement pour la marquise était resté le même;
mais il avait cessé d'entretenir mes espé-

rances et de raviver mes illusions. Insensiblement, je contractai l'habitude d'aller chercher des distractions hors de chez moi. Je me rendis plus assidu au théâtre. La signora Cigarella faisait alors les délices de Florence. On la considérait comme la plus célèbre cantatrice de l'Italie. Elle était jeune et belle. On me la fit connaître. Je m'introduisis chez elle, et bientôt je fus l'amant en faveur. Elle avait de nobles qualités et me paraissait plus attachée à moi qu'à ma richesse. Que ce fût ou non une erreur, cette erreur m'était agréable, et rien n'est survenu pour la détruire! Notre commerce d'amour eut des suites assez ordinaires. La signora Cigarella devint grosse, quitta momentanément le théâtre et accoucha d'une fille dans une maison de campagne près de Florence, que je lui avais achetée. Cette fille, c'est Fioretta.

Tel assidu que je fusse auprès de ma conquête, surtout dans un moment aussi critique, je n'en remplissais pas moins mes devoirs d'époux auprès de la marquise, qui, le soir même de la naissance de cet enfant, se présenta dans mon appartement, un instant après que j'étais rentré, et m'apprit qu'elle était instruite de tout.

Il n'y a pas trois heures, me dit-elle, que la Cigarella est accouchée d'une fille dont vous êtes le père. La tendresse maternelle dont cette femme est pénétrée ne peut lui inspirer de nuire au bonheur et à la fortune de cet enfant. Je vous le demande, monsieur le marquis; il vous appartient, et à ce titre il me sera cher; il remplacera ceux que nous attendions, et que le destin nous a impitoyablement refusés. Pesez ma position : vous n'avez que ce moment pour l'accepter ou la refuser. La signora Cigarella sera seule dans la confidence. Agissez, monsieur le marquis, et surtout agissez de suite : retournez auprès de la signora, et ramenez-moi cet enfant.

Je ne vous parlerai ni de ma surprise ni de la tendre émotion que me fit éprouver l'ineffable bonté de la marquise. Je retournai à la maison de campagne, et trouvai Cigarella dans ce moment de calme et d'ivresse maternelle qui succède toujours à un accouchement heureux. Elle donna les mains à tout; se fit apporter l'enfant, le combla de baisers et de bénédictions, et me le remit. J'emmenai avec moi une sœur aînée de Cigarella qui avait toute sa confiance, et qui paraissait pénétrée de la plus vive tendresse et pour la mère et pour l'enfant.

Arrivé à mon palais, je descendis de

voiture , emportant l'enfant et le cachant de mon mieux dans mes habits. Ma voiture reconduisit la sœur , à qui je fis présent de ma bourse.

La marquise avait une nourrice toute prête , qui emmena l'enfant dans un village voisin. Dès le lendemain , nous nous retirâmes dans une campagne éloignée de Florence de dix à douze lieues , où , pendant plus de quatre mois , nous ne reçûmes personne. J'avais eu soin de faire courir dans Florence le bruit que la marquise , très-avancée dans sa grossesse , était sur le point d'accoucher. Tout le monde me crut ; notre absence confirma cette opinion. Lorsque nous fûmes de retour , toute la ville vint nous faire compliment de la tardive faveur que nous avait fait la providence. Au bout d'un an , l'enfant fut installé dans mon palais. Florence l'a depuis considérée comme notre fille légitime. La tendresse qu'elle nous inspire à tous les deux et ses aimables qualités repoussent le doute et le soupçon. Vous seul , comte Solano , partagez notre secret. La véritable mère , l'infortunée Cigarella , est morte trois années après la naissance de sa fille ; et , sauf quelques visites que nous avons reçues de la sœur , à laquelle nous avons fait de magnifiques présens , nous n'avons rien rencontré ni aperçu qui ait trahi, en quoi que ce fût, le secret que nous vous confions.

Les actes publics ont été rédigés avec le plus grand soin, et de manière à ne compromettre personne. Ainsi il nous eût été possible, à la marquise et à moi, de vous faire partager la croyance générale; mais, encore une fois, je croirais me déshonorer en me conduisant autrement que je viens de le faire.

Je n'avais, pendant ce récit, cessé d'être dans les bras de la marquise. Lorsque son époux eut cessé de parler, je quittai la marquise, et, mettant un genou en terre devant mon respectable père, je leur dis en sanglotant : Mon cœur restera éternellement partagé entre vous deux. Vous êtes le père que la nature m'a donné dans l'épanchement de ses faveurs; voici ma mère d'adoption, celle à qui je dois tout le bonheur dont j'ai joui. Les lois et les conventions de la société, en m'interdisant désormais l'espoir d'une alliance aussi honorable que celle qui était préparée, me conseillent de me consacrer toute entière et de la manière la plus exclusive au bonheur de mon père et de ma bienfaitrice. Je les servirai dans leurs besoins, je les aiderai à porter le fardeau de leur vieillesse, et

peut-être serai-je assez heureuse pour se-
mer des roses du bonheur leur longue et honorable carrière. Vous, monsieur le comte,
je vous remercie d'avoir daigné jeter les
yeux sur moi. La fortune n'a pas voulu
que je fusse digne d'un aussi grand honneur ; mais je n'en conserverai pas moins
dans mon cœur le souvenir de la préférence
que vous m'avez donnée, et de tout ce que
je me proposais de faire pour la justifier.

Le pauvre comte ne put tenir à ces dernières paroles. Se saisissant des mains de
la marquise, de son époux et de la mienne,
il s'écria : Qu'y a-t-il de changé entre nous !
Je ne vois dans cet honorable aveu que de
nouvelles raisons pour vous aimer et vous
estimer davantage. Jamais je n'ai plus vivement désiré d'unir mon sort à celui de
la charmante Fioretta. Jusqu'alors je n'a-
vais connu que sa figure céleste, sa grâce
et ses talens distingués ; aujourd'hui elle
nous a produit tous les trésors de son âme
sensible et aimante, de l'élévation de ses
sentimens et de son pieux attachement pour
vous. Celle qui sut si bien répondre à la
tendresse d'un père, aux bontés de sa
bienfaitrice, ne peut être qu'une épouse
parfaite. Ne suspendez donc plus mon
bonheur, puisque l'adorable Fioretta dai-
gne y attacher quelque prix.

Notre mariage fut donc publié, puis célébré de la manière la plus solennelle. Nous restâmes environ une année à Florence, après quoi le comte Solano me conduisit à Naples et en Sicile, pour me présenter à sa famille et me faire connaître ses domaines. Nous passâmes quatre années, pendant lesquelles je n'eus pas même de vœux à former, tant le comte était ingénieux à me prévenir et à m'environner de tout ce qui pouvait m'être agréable. Dans cet intervalle, j'eus le malheur de perdre mon père et ma bienfaitrice. Nous nous transportâmes à Florence, mon époux et moi, pour recueillir leur immense patrimoine. Bientôt le comte Solano fut atteint d'une maladie de langueur, pour laquelle on lui conseilla de se rendre à Venise où il trouverait le médecin le plus habile de l'Italie pour ces sortes de maladies. Il suivit ce conseil. Nous y prîmes un hôtel. L'habile médecin fut appelé ; il fit preuve d'une grande érudition, promit un plein succès, et ordonna beaucoup de remèdes : mais la maladie fut plus forte que le médecin, et mon époux succomba.

Je ne voulus ni retourner à Florence, ni à Naples, ni en Sicile. Le principal intendant du comte Solano était venu me trouver et avait reçu ma procuration. Je convins avec lui qu'il me ferait passer mes revenus à mesure qu'il les toucherait, et je continuai de demeurer à Venise.

Il y avait environ cinq mois que j'avais perdu mon époux, lorsqu'un matin, on m'annonça la visite d'une étrangère. Cette femme fut introduite. Quoique vêtue assez proprement, elle me parut tenir à la condition du peuple. Mon accueil n'en fut pas moins civil. Elle s'assit auprès de moi, réclama mon attention, attendit que mes domestiques fussent éloignés et me dit :

Je ne sais si vous connaissez le mystère de votre naissance ; mais, moi, je le sais, et cela suffit. Votre mère, la cantatrice Cigarella, était ma sœur ; c'est moi qui vous portai de chez elle au palais du marquis Tolentino, auquel elle jugea à propos d'accorder les honneurs de la paternité. Lui et la marquise sa femme ont trompé tout Florence, excepté moi, sur votre compte, comme depuis ils ont trompé le feu comte Solano. Vous êtes devenue grande dame ; vous voilà veuve d'un grand seigneur napolitain. Vous réunissez les immenses domaines de trois ou quatre puissantes familles de l'Italie. Je vous vois comblée d'honneurs et de richesses ; mais cet édifice de bonheur n'est pas tellement solide que je ne puisse l'ébranler. J'ai rassemblé tous

les actes qui constatent votre existence ci-
vile, et qui, quand je le voudrai, vous
ramèneront à l'humble, mais véritable condition de fille de la Cigarella et de ma très-
honorée nièce. Je sais qu'on a dans le temps
fabriqué d'autres actes, mais ceux dont je
suis nanti les feront tomber avec la plus
grande facilité. Encore une fois votre sort
est dans mes mains ; veuillez y refléchir.
Je ne veux rien vous dire de plus aujour-
d'hui. Quand vous en voudrez savoir plus
long, vous pourrez m'écrire, et je vous
ferai une seconde visite. Voici mon adresse
que j'ai préparée pour vous sur ce papier :
La signora Laurentina, petite rue Saint-
Luc, n°. 7, vis-à-vis le grand couvent.
Adieu ma nièce.

En même temps cette femme se leva,
courut à la porte de l'appartement, descendit précipitamment l'escalier et disparut.

L'extrême dureté de ce discours, la figure revêche de l'inconnue m'affectèrent
beaucoup sans doute, mais pas au point de
ne pas me rendre compte de tout ce que
je venais d'entendre et de le rapprocher
du discours que mon père, le marquis de
Tolentino, avait adressé, en ma présence,
au comte quelques jours avant mon mariage.

Je me rappelai parfaitement qu'il nous

dit s'être fait accompagner de cette même femme, lorsque, de la maison de campagne où était accouchée ma mère, il m'avait transportée dans son palais. Cette femme était donc dans la confidence de tout et par conséquent ne m'avait pas trompée. J'avais tout à craindre de ses ressentimens et surtout de ses spéculations. Je reconnus bientôt qu'elle venait près de moi pour que je réglasse avec elle le prix de son silence; il ne m'était pas possible de la braver. Ces actes dont elle me menaçait existaient très-probablement; peu importait qu'ils fussent ou ne fussent pas dans ses mains, si leurs minutes se trouvaient placées dans un dépôt public. Laurentina était bien positivement ma tante, la sœur de ma mère. Il fallait prendre un parti; je n'en vis d'autre que de l'appeler auprès de moi et de savoir d'elle ce que véritablement elle attendait de tout ceci.

CHAPITRE XXXVIII.

Suite de l'histoire de la comtesse Solano.

Le billet fut envoyé, et le surlendemain la signora Laurentina fut de nouveau conduite auprès de moi.

—Eh bien! ma nièce, me dit-elle, avec un accent ironique, ma chère nièce, avez-vous fait vos réflexions? Vous m'avez plu, je vous crois bonne enfant; je ne suis pas une méchante tante, tout peut encore s'arranger.

— Si vous ne m'avez pas trompée, lui répondis-je, si vous avez en main les preuves de ce que vous avez avancé, je ne sais pas résister à l'empire de la vérité et de la justice. Je me dépouillerai avec joie, je rendrai les biens dont je suis investie à leurs légitimes propriétaires; j'entrerai de bonne grâce dans la carrière d'indigence et d'obscurité que vous avez la bonté de m'ouvrir, et je me défendrai de mon mieux contre le malheur, avec le secours du travail et de la résignation.

— Faux orgueil que tout ceci ! résolution romanesque et qui ne signifie rien ! Que vous demanderai-je pour me taire, pour mettre au feu tous les actes dont je suis armée, sinon une faible portion dans votre immense fortune dont vous jouirez, après ce prélèvement indispensable, dans la plus parfaite sécurité.

—Vous ne me connaissez guère, signora, si vous croyez que j'aie voulu vous en imposer par l'expression de sentimens qui ne sont pas les miens. Allez en toute confiance auprès des chefs des diverses familles dont j'ai réuni les domaines ; dites-leur que je suis prête à les leur rendre, et que je suis loin d'entreprendre de lutter contre leurs droits s'ils valent mieux que les miens. Ma mère s'est soutenue dans le monde par son talent ; je ne suis pas moi-même dépourvue de talens semblables ; c'est le bien le plus solide que m'aient laissé les respectables personnes qui ont protégé ma jeunesse, et je saurai le mettre en œuvre.

—Que ferez-vous, sinon nous dépouiller tous pour enrichir des inconnus ? Sera-t-il d'ailleurs sage à vous de dénoncer votre père (car enfin le signor Tolentino était bien votre père) et votre bienfaitrice, comme deux personnes coupables d'une imposture criminelle, puisqu'elle a eu pour conséquence la supposition d'un enfant légitime qui n'existe pas, et la spoliation des droits héréditaires assurés par les lois à leurs parens respectifs! Vous rendez publique une action répréhensible, et commise dans votre intérêt, par deux personnes dont la mémoire doit vous être chère; vous remplacez l'amour respectueux que vous leur devez, par la scandaleuse révélation d'une faute qu'ils ne commirent que dans l'espoir d'assurer votre bonheur. Ensuite, remarquez que votre résolution, qui peut-être vous semble héroïque, ne peut avoir que les résultats les plus déplorables. Du rang le plus distingué, de l'opulence la plus considérable, vous tomberez subitement dans le besoin et l'obscurité. Chacun vous tournera le dos, vous blâmera, et se refusera même à reconnaître quelque mérite dans votre sacrifice. Le monde n'honore que les succès, et dédaigne sans exception et sans pitié ceux que le malheur accable. La vie a quelque charme dans l'abondance; elle est affreuse quand on n'éprouve que des privations.

Ces diverses réflexions, justes sous beaucoup de rapports, me frappèrent et donnèrent un nouveau tour à mes idées. J'éprouvai dès lors de la répugnance à suivre une résolution qui d'abord m'avait paru n'avoir d'effet fàcheux que pour moi. Je me trouvai dans une perplexité affligeante, ne sachant quel parti devoir prendre, et me voyant à la merci de la signora Laurentina qui, profitant de cet avantage, ajouta avec un accent mesuré :

Je crois reconnaître chez vous, ma chère nièce, un cœur bon et un esprit juste. Vous vous déterminerez sans doute à respecter la mémoire du marquis et de la marquise Tolentino. Les choses resteront par conséquent telles qu'elles sont ; mais, dans votre isolement actuel, vos pensées et votre tendresse se dirigeront naturellement sur la famille de votre mère ; or, cette famille ne se compose aujourd'hui que de mon fils et de moi. Ce fils est à peu près de votre âge. Il est joli garçon ; je l'ai fait élever avec soin. Je vous le montrerai, et sans doute il vous plaira. Dans ce cas un mariage nous rapproche tous ; mais, comme je ne prétends aucunement forcer votre inclination, la donation que vous nous ferez d'un domaine de 2,000 sequins de revenu sera le prix du silence que je me propose de garder et de la remise que je vous ferai tout aussitôt des papiers que j'ai dans les mains.

Il était visible que l'intérêt personnel était le seul inspirateur de la signora. Elle

ne mettait d'obstacle à ma première résolution, que parce que cette résolution brisait
sans retour ses calculs. Je réfléchis dès lors
que je ne devais me faire aucun scrupule
de sortir de ce mauvais pas en l'ama-
douant, et paraissant abonder dans son
sens.

Je la remerciai donc des bons avis qu'elle
venait de me donner et des traits de lumière qu'ils avaient répandus dans mon
esprit. Je parus vouloir la retenir à dîner;
mais elle prétexta quelqu'affaire, et remit
cette partie à un autre jour où elle m'amènerait son fils. Nous remîmes ce dîner de
réunion au lendemain.

Elle fut exacte et me présenta son fils.
C'était une espèce de fat subalterne qui
me fatigua de ses prétentions. Je lui fis
quelques politesses, et tous deux me quittèrent à la fin de la journée avec l'air d'être
contens de moi.

Ma chère tante ayant ensuite réfléchi
que, par l'expédient du mariage, son fils
seul gagnerait à cette affaire; puis considéré
qu'ayant peu à compter sur son affection
filiale, elle se mettait ainsi maladroitement
à sa merci, loin de me presser sur l'article
de l'hymen, pensa devoir au contraire me
vanter les douceurs de la liberté, et
me parut ne désirer autre chose que la

cession, en son nom personnel, du domaine qu'elle convoitait.

Je la remerciai de me mettre à mon aise sur cet article. Le jeune homme me négligea. La tante resta seule assidue; j'eus l'air de m'abandonner à ses conseils; nous réglâmes ensemble les moyens d'effectuer notre opération, à laquelle, pour l'aventage de toutes deux, je voulus que mon intendant, alors à Florence, assistât. La bonne tante consentit à attendre six semaines au bout desquelles il devait être rendu à Venise. Les bons procédés, les présens continuels et considérables que je lui faisais à chaque visite l'avaient singulièrement adoucie. Lui ayant dit ensuite que je désirais profiter de ce délai pour visiter quelques domaines que j'avais aux environs de Florence, d'où je reviendrais à l'époque réglée avec l'intendant, elle me vit partir sans inquiétude.

Ce fut avec vous, belle Pauline, que je me mis en route, et le moment est venu où je dois vous mettre toute entière dans ma confidence.

Je tiens plus que jamais à ma première résolution qui consiste à remettre tous les domaines que je possède, aux trois familles qui en avaient originairement la propriété; ne leur donnant pour cause de cet abandon que le désir de quitter l'Italie et de m'établir en pays étranger. Je règlerai avec eux les indemnités dues à mon abandon et sur la quotité desquelles je me propose d'être très-facile. Ce vieux intendant dont je vous ai parlé a préparé les voies, et, ma procuration à la main, a presque réglé les conditions. Il a tout arrangé à Florence. Je n'ai plus qu'à me rendre à Naples et à Palerme. Il m'attend dans la première de ces villes, et me mande que vingt-quatre heures de séjour me suffiront pour terminer. Nous passerons ensuite à Messine; puis, traversant la Sicile, nous nous rendrons à Palerme. De là, je vous ramènerai en France, où, une fois arrivées toutes deux, je vous achèverai mes confidences.

Nos voyageuses avaient parcouru Rome, ses monumens et ses environs. Elles y avaient vu tout ce que cette cité renferme de curieux. Pauline sentait que son amie n'avait pas de temps à perdre. Borroméo était à leurs ordres et ne demandait pas mieux que de recommencer le voyage de Naples. On se mit donc en route pour cette ville, après s'être munis d'une escorte, pour traverser avec plus de sûreté les Marais Pontins, Terracine, et une partie du territoire de Naples.

Ces Marais Pontins qui couvrent un espace de huit lieues, présentent un aspect encore plus désolant que la campagne de Rome. Il s'en exhale de toutes parts une odeur pestilentielle qui, dans les grandes chaleurs de l'été prend un caractère contagieux ; mais par les soins des papes, et notamment de Pie VI, il y a été élevé et construit une chaussée parfaitement solide et bien entretenue. Un relai y a été placé, en sorte qu'en moins de trois heures, cet intervalle est franchi avec sécurité par l'intrépide voyageur. Est-ce encore, comme la campagne de Rome, une terre usée par la succession infinie de générations qui y ont été entassées ! Le principe qui créa la gloire et la célébrité de ces nombreuses générations, est-il le même que celui qui a produit ces marais inabordables, qu'il n'est permis de traverser qu'avec la rapidité de la pensée ! C'est ce sur quoi les lacunes de l'histoire du Bas-Empire et des premiers siècles des monarchies européennes ne nous permettent pas d'avoir des idées positives.

Enfin la comtesse Solano et son amie, arrivèrent à Naples, cette belle cité placée sous le ciel le plus pur, disposée en amphitéâtre devant la Méditerranée, et dominée par le seul volcan qui soit resté ouvert sur le continent européen.

C'est là que les deux tiers d'une popu-

lation de quatre à cinq cent mille âmes con-
sument dans la gaieté et l'insouciance les
jours que la providence leur a comptés,
sans posséder aucun des biens que partout
ailleurs l'homme social recherche avec la
plus constante ardeur. Un caleçon et une
chemise forment le fonds de leur habille-
ment. La plus chétive monnaie acquitte le
prix de leur nourriture journalière. Le portique d'un palais, la base d'une statue, le
pied d'un arbre leur servent d'asile. Le sa-
laire de quelques journées de travail suffit
pour faire face au besoin de l'indépendant
napolitain, ainsi que de sa famille pendant
toute une semaine. Le chant, la danse, les
bons mots, les saillies d'une gaieté toujours
vive et franche, voilà leurs seuls biens, et
les uniques objets de leurs vœux.

Naples fourmille de mendians, de pau-
vres qui ne croient pas l'être, de moines,
et surtout de gens de palais. Chaque jour,
à la clôture des audiences et des greffes,
l'on voit sortir une nuée de procureurs,
d'avocats, de greffiers, d'huissiers de l'an-
tre de la chicane. On en porte le nombre
à plus de quarante mille. C'est peut-être
la quantité prodigieuse de ces sangsues,
qui rend la plupart des Napolitains si
difficilement accessibles au démon de la
propriété ; probablement s'imaginent-ils

que cette armée d'hommes noirs les attend pour les dépouiller.

Naples, comme toutes les autres grandes cités de l'Italie, est très-riche en théâtres, en musiciens, en chanteurs, et en conservatoires établis pour les deux sexes. Son principal théâtre dit de *Saint-Charles*, est à coup sûr le plus beau de l'Europe.

Pauline eût admiré Naples, sans cet aspect de misère et de nudité qui se rencontre partout. Les portiques des palais, les hôtels des riches, les maisons ouvertes aux étrangers, l'extérieur et l'intérieur des églises, en sont plus particulièrement inondés. Nulle part l'entassement des individus ne paraît plus hideux que dans cette ville.

Il est une classe d'hommes à Naples qu'on appelle *Lazzaronis*, dont on parle beaucoup en Europe, et qui n'en est pas mieux connue, parce qu'elle y est mal définie. Elle se compose de porteurs, de chargeurs et de commissionnaires ; elle forme une agrégation de familles, ou si l'on veut une tribu particulière et très-nombreuse. Les mendians, et les vagabonds n'ont rien de commun avec les *Lazzaronis* qui font une nation particulière dans la nation napolitaine. Cette nation dédaigne toute communication et toute alliance avec la basse population que l'erreur européenne confond mal à propos avec elle. Elle a ses règlemens, ses mœurs et ses préjugés particuliers. Ce n'est peut-être que dans cette classe qu'existe un esprit public et un véritable patriotisme. La qualité de *Lazzaronis* est indélébile. Ceux d'entre eux que leur industrie, un talent distingué, ou une habitude d'économie conduit à la fortune, restent toujours *Lazzaronis* et s'honorent de ce titre. Vous rencontrez à chaque pas dans Naples des hommes couverts d'une chemise de Hollande très-fine et très-blanche, et d'un long caleçon de coutil neuf et propre. Ces hommes ont une jolie petite maison qui leur appartient, un bon mobilier, un ménage bien entretenu, de l'argent dans leur coffre et un fonds de travail qui ne tarit jamais : ces hommes sont *des Lazzaronis* ; ils appartiennent à cette classe par leurs familles ou par leurs alliances. En général, leur conversation est vive et spirituelle ; leurs manières n'ont rien de commun ; les beaux-arts leur sont familiers ; ils raisonnent peinture et architecture en véritables connaisseurs, savent par cœur des stances du Tasse et de l'Arioste, chantent des barcarolles, et étonnent par une manière d'être tout-à-fait originale : tels sont les chefs de la tribu *des Lazzaronis.* En possession de diriger les opinions politiques et de régler le degré d'estime, d'amour, de confiance et de dédain dus aux différens magistrats et chefs du gouvernement, leurs railleries piquantes, et leurs bons mots mis en circulation, déconcertent assez souvent les hauts personnages de l'état.

La tribu *des Lazzaronis* est indestructible. Vainement ceux des chefs du gouvernement qui auraient été les objets de leur censure essaieraient de les poursuivre; cette fureur impuissante ne tomberait que sur la lie de la population, où ne se trouve *aucun Lazzaroni*. Ceux-ci adroits à se garantir, aussitôt l'orage passé, reparaîtraient avec leur malice, leurs épigrammes et leur gaieté.

Le signor Borroméo qui avait déterminé ses deux compagnes de voyage à descendre dans le palais de son père, où elles avaient reçu l'accueil le plus distingué, donna à la comtesse Solano toute la facilité de faire accueillir sa proposition. Le père, vieillard respectable, s'en remit à son fils, pour traiter cette affaire. Des jurisconsultes habiles furent appelés et se joignirent à l'intendant de la comtesse qui s'était ponctuellement rendu à Naples et avait apporté à cette dame une somme considérable, produit d'un semblable traité

fait à Florence avec la famille Tolentino.
Tout fut réglé à la satisfaction des parties.
Il ne s'agissait plus que de se rendre à Palerme pour consommer les mêmes arrangemens avec le plus jeune des frères du comte Solano, veuf sans enfans et qui destinait sa fortune à son neveu Borroméo.

Il fut donc bientôt question de passer en Sicile ; Borroméo et le vieux intendant accompagnèrent la comtesse et Pauline ; tous quatre s'embarquèrent à Naples.

Au moment où ils quittaient cette ville, des colonnes de feu et de fumée s'élançaient du Vésuve ; des torrens de lave s'échappaient de ce volcan, parcouraient les revers de la montagne et se réunissaient en un fleuve de feu qui, se frayant un large chemin à travers les champs cultivés, les bourgs, les hameaux et les habitations isolées qu'il rencontrait sur son passage, allait se précipiter dans la mer.

Le ciel était couvert de nuages épais ; un morne silence était répandu sur toute la nature ; des troupes d'infortunés emportant quelques effets dans leurs bras, fuyaient à travers les campagnes. Ce tableau terrible que nos voyageurs ne cessèrent d'avoir sous les yeux, tant qu'ils continuèrent à longer les rivages de Na-

ples, les pénétrait d'une impression d'hor-
reur et d'épouvante, qu'accroissaient encore et le calme silencieux des airs et
l'extrême agitation des flots. Il semblait
que le génie du mal produisît seul et sans
le secours des élémens, cette convulsion
horrible. Ce n'était plus ce ciel riant
et pur, cet air embaumé, ce charme répandu habituellement dans l'atmosphère
de cette magnifique contrée. Ce prestige
avait disparu ; tous les êtres vivans avaient
fui ; tout paraissait morne et inanimé ; tout
annonçait un malheur certain et une crise
épouvantable.

En approchant des côtes de Sicile, le
mont Etna, ce colosse de la nature, semblait englouti dans des tourbillons de fumée. Les signes d'effroi répandus sur les
rivages de Naples, se reproduisirent sur
ceux de la Sicile ; l'épaississement pro-
gressif des nuages avait converti en une
nuit profonde, la portion du jour qui restait encore. Le phare était allumé. A mesure que le navire s'avançait vers le port,
on apercevait une population effrayée qui
y était répandue. Toutes les figures étaient
frappées de consternation ; chacun inter-
rogeait celui qu'il rencontrait et lui com-
muniquait ses craintes. Bientôt les roule-
mens sourds d'un tonnerre éloigné se firent

entendre et se prolongèrent sans aucun intervalle ; des éclairs fréquens sillonnaient
l'atmosphère ; ce fut à la lueur de ces
éclairs , au bruit continuel du tonnerre
menaçant , en présence d'une population
épouvantée, que s'effectua le débarquement
du navire ; puis les deux dames , avec leurs
amis, suivis d'hommes de peine qui portaient leurs équipages, allèrent gagner une
hôtellerie.

Le maître et la maîtresse de cette maison étaient frappés eux-mêmes d'un tel
effroi , qu'ils ne songèrent pas seulement
à prévenir leurs nouveaux hôtes par le
moindre signe de secours et d'attention.
Le signor Borroméo qui , dans ses fréquentes courses de Naples dans la Sicile et de
la Sicile à Naples , descendait toujours dans
cette maison , en fit seul les honneurs aux
deux dames et leur y fit obtenir un asile
commode. Les domestiques pourvurent à
leurs besoins , autant que le leur pouvait
permettre la terreur dont ils étaient frappés.

La nuit fut horrible ; le tonnerre s'était
rapproché , ses éclats étaient effrayans ;
déjà il avait frappé plusieurs édifices. Un
vent impétueux s'était élevé et produisait
un ébranlement universel. Les vagues de
la mer montaient jusqu'aux nues , et semblaient dédaigner leurs anciennes limites ;

on eût dit que Messine allait être toute entière engloutie sous les eaux.

Borroméo, inaccessible à la peur, et chargé du salut des deux dames qu'il accompagnait, sentit que la fuite de ce théâtre de tempêtes était le seul moyen de les garantir du malheur qui allait fondre sur Messine. Il avait remarqué dans l'une des cours de l'hôtellerie une voiture commode et solide. Les domestiques lui avaient dit qu'elle appartenait à l'hôte. Il y fit atteler quatre chevaux, paya le prix du tout, ajouta de fortes gratifications qu'il remit aux domestiques auxquels il venait de parler, et leur ordonna de préparer tout pour qu'ils pussent partir dans une heure. De suite, il fit prévenir la comtesse, Pauline et le vieil intendant, pour qu'ils fussent prêts au premier mot.

Quelques minutes après, un craquement affreux retentit de toutes parts: la mer s'élança de ses limites et vint inonder le port et les quartiers qui l'avoisinaient: la terre frémissait sous les pieds : les sommets élevés des édifices remarquables se détachaient et tombaient avec fracas : les maisons étaient abandonnées; des milliers d'individus de tout âge et de tout sexe fuyaient à travers les rues de Messine, et cherchaient à gagner la campagne : la terre s'entrouvrait en diverses places et coupait le chemin aux fugitifs : des maisons entières s'engloutissaient; des édifices publics couvraient les places de leurs débris : des clameurs affreuses se faisaient entendre de toutes parts, et n'étaient couvertes que par les éclats de la foudre : la mort et la destruction menaçaient et frappaient à la fois : la terre et tout ce qu'elle portait semblaient rentrer dans le néant.

C'est dans cette terrible crise que Borroméo vint avertir les deux dames et le vieillard. Ce dernier et Pauline descendirent précipitamment; on appela la comtesse que quelques menus soins retardaient. Pauline remonta l'escalier, se précipita dans l'appartement au milieu duquel venait de tomber la foudre. La comtesse était renversée sur le parquet, sans force et sans sentiment. Pauline se précipite sur elle, l'enlève et l'emporte dans ses bras. A peine est-elle sortie, à peine est-elle sur l'escalier, qu'elle traverse avec la plus grande vitesse, que l'appartement, ou plutôt le pavillon dont il faisait partie, s'écroule et disparaît dans un abîme qui s'est ouvert à sa place.

Borroméo, venu au-devant de Pauline, la débarrasse de son précieux fardeau, et place la comtesse dans le fond de la voiture.

Elle était encore évanouie; Pauline se met à ses côtés; Borroméo et l'intendant occupent le devant : les malles ont été solidement attachées. La voiture part, et les postillons, à la lueur des éclairs, quittent Messine, s'éloignent de ce théâtre de calamités, et s'enfoncent dans l'intérieur de la Sicile.

Au bout de trois heures de marche, nos voyageurs se trouvèrent placés sous un ciel plus tranquille. A mesure qu'ils s'éloignaient de l'Etna, l'atmosphère reprenait sa sérénité. Le soleil, en reparaissant sur l'horizon, semblait raviver la nature. Un concert d'oiseaux répandus dans les bois d'alentour, saluait le retour de cet astre bienfaisant. Les fleurs reprenaient leur parfum, et le feuillage sa fraîcheur. Le cultivateur, suivi de sa famille, retournait à ses travaux accoutumés. En considérant ce ravissant tableau, on se serait refusé à croire qu'à quelques lieues une cité magnifique, célèbre par son opulence et sa population, n'était plus qu'un monceau de ruines.

Ainsi, les jeux de la nature se plaisent dans ces contrastes. Des sables stériles se trouvent placés à côté de vallées riches et verdoyantes. C'est par la même cause, et d'après les mêmes effets, que les flancs du

Vésuve et les terres qui l'entourent, couverts d'habitations innombrables, acquittent les travaux des courageux laboureurs et vignerons qui les cultivent, par les moissons les plus abondantes, les vendanges les plus riches, et les vins les plus exquis.

La Sicile, cette île qui occupe tant de pages dans la mythologie et dans l'histoire, cette terre si riche, quoique trop souvent désolée par les convulsions de la nature et par la fureur des hommes, présente aux regards du voyageur, outre ses sites pittoresques et ses aspects délicieux, la plus belle population de la partie méridionale de l'Europe. Les femmes y sont remarquables par la fraîcheur de leur teint, la beauté de leurs formes et l'expression piquante de leurs physionomies; elles sont douées particulièrement de cette élégance de tournure que les Italiens désignent sous le nom de *desinvoltura*, expression qui n'a de synonyme ni en français, ni dans les autres langues de l'Europe, peut-être parce que le genre de perfection qu'il désigne ne se rencontre qu'en Italie, et plus particulièrement en Sicile. On attribue aux Siciliennes beaucoup de finesse, opinion fondée en partie sur l'expression piquante de leurs traits et la grâce particulière de leur accent.

5*.

Nos voyageurs parcoururent la Sicile dans toute sa longueur, c'est-à-dire, d'orient en occident, et le troisième jour arrivèrent à Palerme, que l'on peut considérer comme sa capitale actuelle, cité remarquable par sa beauté, son port, sa population et son commerce avec le Levant et l'Afrique.

Le signor Borroméo fut à Palerme, comme il l'avait été à Naples, l'arbitre de la transaction que son oncle passa avec la comtesse qui, malgré toutes les marques d'amitié, dont le frère de son mari et les autres personnes de la famille la comblaient, avait une foule de raisons pour se rendre promptement en France, où elle espérait se trouver à l'abri des persécutions de la signora Laurentini et de son fils, rendre Pauline à sa patrie, et réaliser enfin la perspective de félicité qu'elle entretenait depuis long-temps dans le fond de son cœur.

Après avoir magnifiquement récompensé le vieil intendant que le signor Borroméo retint à son service, et avoir fait les plus tendres adieux à l'oncle et au neveu, la comtesse Solano eut le plaisir de s'embarquer avec Pauline dans un très-joli navire français qui faisait voile pour Marseille. Le bâtiment se jeta d'abord sur la gauche, et passa devant Cagliari, laissant à droite les côtes de la Sardaigne.

Malheureusement en suivant cette route plutôt que de traverser le détroit qui sépare la Sardaigne de la Corse, le bâtiment était obligé de se rapprocher de l'Afrique, et de longer des parages habituellement fréquentés par des corsaires barbaresques. Le capitaine, auquel en fut fait l'observation, répondit d'abord en objectant les dangers de la navigation du détroit, puis l'excellente marche de son navire que ne pouvait atteindre aucune voile africaine, et enfin le bonheur avec lequel il avait fait maintes et maintes fois cette route.

Mais l'événement lui prouva bientôt que ses pressentimens n'étaient rien moins que fondés. Le quatrième jour, il fut découvert et poursuivi par un corsaire qui, au bout de trois heures de course, l'atteignit et lui lâcha sa bordée. L'Africain, arrivé à demi portée de canon, fit ensuite inviter le capitaine à se rendre, et à prévenir ainsi les suites d'un combat qui ne pouvait que lui être funeste.

L'avis en imposa au capitaine, qui se présenta aux passagers pour les engager à se résigner à leur sort : puis les matelots, les passagers et le capitaine lui-même, passèrent sur le bord de l'Africain. Le lieutenant du capitaine barbaresque et quelques matelots s'étaient emparés du bâtiment français et en dirigeaient la manœuvre sous la protection du corsaire. La comtesse de Solano et Pauline étaient tremblantes dans leurs cabanes, lorsqu'une double volée de tribord et bâbord annonça la présence d'un nouvel ennemi.

Cet ennemi avait attaqué le corsaire. La première décharge dirigée dans ses agrès, qu'elle avait prodigieusement endommagés, déconcerta sa marche et lui fit perdre tout son courage. Un instant après, le corsaire fut abordé. Les vainqueurs s'élancèrent sur le pont, tombèrent sur les Africains, le pistolet d'une main et le sabre de l'autre. La destruction subite d'une partie de l'équipage épouvanta le reste. Le capitaine corsaire avait été tué. Ceux qui restaient tombèrent aux pieds de leur vainqueur, et se rendirent à discrétion.

Le capitaine du petit bâtiment français ayant recouvré la liberté et pu pénétrer jusqu'au pont, reconnut que ses libérateurs étaient des chevaliers de Malthe, qui montaient une frégate de 40 pièces de canon. Celui qui la commandait était le chevalier de Merville, gentilhomme provençal, dont le capitaine du petit bâtiment était connu. Sur son récit, il donna ordre qu'on rendît les dames à la liberté, et qu'on les invitât à

passer à bord de la frégate, ce qui fut fait
sur-le-champ.

Le chevalier de Merville fut enchanté
d'avoir si heureusement combattu et
arraché une si belle proie aux infidè-
les. Tous les chagrins s'évanouirent. La
comtesse Solano et Pauline remercièrent
leurs généreux libérateurs avec la plus
vive effusion. Il fut arrêté que la frégate
continuerait sa marche sur Marseille, où
les deux dames seraient déposées en toute
sûreté.

Environ cent vingt chevaliers, dont la
plupart commençaient leurs caravanes,
montaient la frégate. Ces jeunes gens ap-
partenaient à des familles distinguées de
divers états de l'Europe. Autant ils mon-
traient de bravoure dans les combats, autant ils aimaient à donner aux dames des
témoignages de galanterie, de déférence
et de respect. Le chevalier de Merville, leur
chef, se distinguait par les plus aimables
qualités, et maintenait cette ardente jeunesse sous les lois d'une discipline sévère.
Les deux dames réglèrent elles-mêmes les
conditions de l'empire qu'elles devaient
exercer. Bientôt il s'établit sur la frégate
une habitude de confiance et d'attachement
respectif. Les charmes des deux voyageuses
attiraient les hommages de chaque cheva-

lier : la reconnaissance et l'estime produi-
saient le même effet sur Pauline et sur la
comtesse. La traversée, du lieu du combat
à Marseille , fut un cercle continuel de
fêtes. Le temps était superbe, le vent favorable : enfin les côtes de l'heureuse Provence furent découvertes , puis le port de
Marseille , et cette cité elle-même se pro-
duisirent dans toute leur magnificence.

Les deux dames débarquèrent , suivies
de leurs effets, et escortées par plusieurs
chevaliers qui ne les quittèrent qu'après
les avoir déposées dans la plus belle hôtellerie de Marseille , et s'être chargés de rapporter à leur capitaine et à leurs autres
camarades les expressions de la plus vive
reconnaissance qu'elles accompagnèrent de
quelques présens qui tiraient leur princi-
pale valeur des mains qui les avaient offerts
et des paroles flatteuses dont ils étaient
accompagnés.

CHAPITRE XXXIX.

Marseille. — Vengeauce manquée. — Rencontre heureuse.

Si nos deux voyageuses n'avaient eu pour titre de recommandation auprès de leur hôtesse, que leurs aimables figures, elles n'en eussent reçu qu'un accueil médiocre et froid; mais l'escorte des chevaliers qui les avait accompagnés jusqu'à l'hôtel, le nombre et la pesanteur des malles qui avaient été apportées à leur suite, et le bruit de la victoire qui les avait arrachées aux corsaires africains, leur donnèrent aux yeux de cette femme, une telle considération, qu'elle leur fit ouvrir le plus bel appartement de sa maison, et attacher à leur service particulier, sa propre nièce, Félicie, jeune fille très-agréable.

La fatigue d'un voyage semé de périls aussi graves, les détermina à rester chez elles le jour de leur arrivée et le lendemain. Après les petits arrangemens inséparables de leur installation dans cette nouvelle demeure, elles se trouvèrent l'une vis-à-vis de l'autre, situation qu'elles avaient elles-mêmes provoquée, en priant l'hôtesse de ne laisser pénétrer qui que ce soit chez elles, sauf les personnes de leur connaissance intime et qui se feraient préalablement reconnaître commes telles. Leur porte était consignée surtout à ceux qu'une vaine curiosité pourrait attirer jusqu'à elles.

Dans l'après-dîner du lendemain, après s'être rendu compte mutuellement de l'épouvante que leur avait fait éprouver le tremblement de terre de Messine, ainsi que la crainte de tomber ensuite dans les mains des corsaires qui avaient été un instant les maîtres de leur destinée, la comtesse, pénétrée de tout ce qu'elle devait à la courageuse amitié de Pauline, se plaisait à lui peindre sa reconnaissance, lorsque celle-ci, pour faire diversion, lui rappela que dans leur grande conversation à Rome, elle n'avait pas terminé son récit, qu'elle avait promis de compléter, lorsqu'une fois elles se verraient réunies à Marseille.

— Cette conclusion que vous paraissez désirer d'entendre, lui répondit la comtesse, n'exigera pas un long discours; mais le grand secret de mon cœur y est tout entier; il devait y rester, tant qu'aucun rayon d'espérance n'aurait pu y pénétrer; aujourd'hui il m'est presque permis d'attendre un changement heureux dans mon sort : à qui puis-je mieux m'adresser qu'à Pauline pour lui annoncer cette nouvelle faveur de la fortune, et en obtenir des conseils dans la nouvelle position où je vais immanquablement me trouver ?

Le comte Solano avait eu occasion de connaître à Paris un militaire très-distingué, officier supérieur de la compagnie des mousquetaires noirs, qui se nommait le comte de Germigny. Cette connaissance, que le hasard avait commencée, s'était entretenue par l'habitude de se voir, et avait fini par la plus sincère amitié ; tous deux avaient formé le projet de ne plus se quitter, ou au moins de se rejoindre, si des circonstances qu'il était impossible de prévoir, venaient à les séparer. Mais que sont de semblables projets devant la volonté plus forte du destin ? Le comte Solano s'était vu obligé de retourner en Italie ; le comte de Germigny s'était marié à Paris, avait eu plusieurs enfans, s'était occupé spécialement de leur éducation, et n'avait conservé pour son ami qu'un souvenir dont il s'entretenait quelquefois. Vingt-quatre années s'étaient passées ainsi ; une maladie mortelle était venue l'assaillir. Assuré d'y succomber, il appela son fils, le seul qui lui restât de ses enfans, le prépara à la perte qu'il allait faire, lui donna sa bénédiction, et lui recommanda d'employer son année de deuil à parcourir une partie de l'Europe, et particulièrement l'Italie, où il ne manquerait pas de rencontrer le comte Solano, auquel il dirait de sa part que, hors sa propre famille, il n'avait cessé de le considérer comme le meilleur ami qu'il eût rencontré sur la terre : à peine le fils lui avait-il promis de remplir religieusement cette volonté, que le malade expira.

Ce jeune homme, quelques jours après l'inhumation, partit pour son voyage; il avait commencé par visiter l'Italie et s'était arrêté à Venise. Dans l'une des maisons qu'il fréquentait, s'était trouvé un virtuose du premier mérite, qui, faisant l'énumération des personnes illustres chez lesquelles il était accueilli, nomma le comte Solano, grand connaisseur dans les beaux-arts, et particulièrement en musique, malheureusement atteint d'une maladie grave qui donnait beaucoup d'inquiétude, mais cependant qui ne l'empêchait pas d'avoir des soirées très-agréables plusieurs fois par semaine. Le jeune Français ayant témoigné le plus grand désir de s'y voir admis, le professeur s'offrit à venir le prendre le lendemain matin et à le conduire chez le comte.

"A l'heure convenue, tous deux arrivèrent chez mon époux ; le jeune homme
s'annonça comme le fils du comte de Germigny qu'il venait d'avoir le malheur de
perdre. Mon époux, touché de la mort de
son ami, accueillit son fils de la manière la
obligeante ; il l'engagea à lui donner tout le
temps que ne réclameraient ni ses occupa-
tions ni ses plaisirs, ajoutant qu'il ne pouvait refuser un vieillard mourant qui n'a-
vait plus d'autre félicité à attendre sur la
terre que les soins et les preuves d'attachement de ses amis. Il me présenta ensuite
ce jeune homme. Le séjour d'une chambre
de malade, lui dit-il, commande quelques
distractions ; je ne puis résoudre madame
à me perdre de vue quelquefois ; elle m'ob-
jecte qu'elle n'a personne pour lui donner
la main. Saint-Edmond (c'était sous ce
nom que le jeune Provençal s'était annon-
cé), je vous constitue le chevalier de la
comtesse ; le fils de mon ami ne peut manquer d'avoir toute ma confiance.

Que vous dirais-je , ma chère Pauline ?
mon nouveau chevalier était aimable, je
ne m'en aperçus que trop ; il parut prendre
pour moi les mêmes sentimens. L'honneur
nous commandait de nous taire; nous fûmes fidèles à ses lois tant que la chose
fut possible ; mais les progrès de la mala-

die de mon époux, puis la perte que j'en fis, puis l'habitude de nous voir, puis enfin cette sympathie invincible qui entraîne l'un vers l'autre, malgré l'austérité des devoirs et la rigueur des positions, nous fit rompre ce silence si pénible à observer. Les aveux furent suivis de projets. Saint-Edmond fut obligé de retourner en France; mais il emporta avec lui la promesse, que mon cœur se plut à lui faire et à lui répéter, de le choisir pour mon ami et mon nouveau soutien sur la terre. Nous nous sommes donné rendez-vous à Marseille; si son attachement est toujours le même, il doit être maintenant dans cette ville.

— C'est très-sage à vous, chère comtesse, lui répondit Pauline, de vous ouvrir entièrement à moi. De l'humeur dont je suis, nous serions restées éternellement dans notre chambre, lorsque tout nous commande d'en sortir et de commencer nos enquêtes. Les bienséances ont été parfaitement observées de part et d'autre. Ce que vous deviez à la mémoire de votre époux a été acquitté. Le chevalier Saint-Edmond a gardé son ban avec une fidélité admirable. Vous voilà parfaitement libres tous deux; quelle que soit sa fortune, la vôtre est suffisante pour votre commune félicité. La société est satisfaite; vous avez droit par

conséquent de travailler pour votre avenir. Dès demain, mon amie, nous allons au
spectacle, et nous nous produirons ensuite
dans le beau monde de Marseille; il faut
retrouver le chevalier; il y a déjà trop
long-temps que l'infortuné vous cherche
et vous attend : il y aurait de l'inhumanité
à prolonger votre retraite.

La journée s'acheva entre elles de la
manière la plus gaie. Dès le lendemain matin on s'occupa de la parure du soir, et
l'on fit venir des marchandes et des ouvrières; une loge fut retenue d'avance, et
une instant avant qu'on levât le rideau,
nos dames y étaient installées.

Lorsque, dans les premiers entr'actes,
les spectateurs s'occupèrent plus particulièrement de l'examen des loges, la vue
des deux étrangères excita une curiosité
générale. On se demandait mutuellement
qui elles étaient, d'où elles venaient,
quelle raison ou quel intérêt les avait ap-
pelées à Marseille, où elles étaient logées,
si elles resteraient, quand elles partiraient.
Nul n'avait de réponses satisfaisantes à
faire à aucune de ces questions. Seulement
les hommes s'écriaient qu'elles étaient charmantes; les femmes leur cherchaient des
défauts. Enfin tout se passa ce soir au
spectacle de Marseille, comme il est d'u-

sage dans toutes les villes de province, où un objet nouveau vient exciter l'admiration des uns, la jalousie des autres, et la curiosité de tous.

Dans une petite loge aux troisièmes se trouvaient deux étrangers, gardant l'un vis-à-vis de l'autre un profond silence, lorsque le plus jeune des deux, recherchant l'objet de la curiosité générale, et apercevant les deux dames, exprima sa surprise par un cri involontaire. Son voisin lui demanda en anglais ce qui l'avait frappé si fort. L'autre, qui ne savait pas un mot d'anglais, ne répondit pas ; mais il continua de paraître très-agité. Il se levait, s'asseyait, ne faisait aucune attention au spectacle, tenait ses regards continuellement fixés sur les deux étrangères, et ses traits manifestaient de temps en temps une joie féroce. Il quitta fréquemment sa loge, descendit les escaliers, parcourut les corridors, revint se rasseoir à sa place, et recommença ce manége plusieurs fois de suite. Cette continuité de déplacement frappa son voisin. Il se mit en tête de deviner la cause d'une agitation aussi extraordinaire, et résolut de suivre tous les mouvemens de cet homme. Nécessairement, se dit-il, il connaît l'une des deux dames : est-ce un mari jaloux, un amant rebuté? Que peut-il leur vouloir? Quel dessein a-t-il conçu? Pourquoi n'en ai-je pas obtenu de de réponse? S'il n'a pu me faire cette réponse en anglais, qui l'empêchait de m'adresser quelques mots de français? Pourquoi sa figure prend-elle de plus en plus un caractère sombre et presque furieux? Cet homme en veut, à coup sûr, à quelqu'un; je ne veux pas le perdre de vue.

Les deux pièces étaient finies; un ballet assez maussade qui terminait le spectacle retenait encore quelques spectateurs, lorsque les deux dames se levèrent et se disposèrent à partir. Aussitôt l'homme agité quitte sa loge. Son compagnon se précipite sur ses pas; il le suit dans les corridors, le long des escaliers; il le voit se mettre sur la trace des deux inconnues, s'arrêter derrière elles dans le péristyle. Elles paraissent attendre l'arrivée d'un domestique. Ce domestique n'arrive pas; elles s'en impatientent. Une foule de jeunes gens les entourent. Cet hommage leur est importun; elles veulent s'y soustraire. La distance de la salle à leur hôtel est fort peu de chose; elles entreprennent de la franchir : les voilà dans la rue et en route. L'homme s'élance sur leurs pas, l'Anglais s'attache à lui. Au détour d'une rue dans un endroit obscur, le premier s'arrête,

fouille dans sa poche et court avec impé-
tuosité vers les deux dames. Il saisit l'une
d'elles, et lève le bras pour la frapper.
L'Anglais se jette sur lui, le soulève d'un
bras vigoureux et le renverse. Vainement
l'assassin cherche à se défendre, et essaie
de frapper son ennemi. La lutte établie
entre eux attire plusieurs personnes; d'autres surviennent; la foule augmente; la
force publique arrive. Les deux dames se
sont sauvées à moitié mortes de frayeur;
elles ont regagné leur hôtel. Les deux
étrangers ont été conduits chez le commissaire. L'Anglais rend compte de tout
ce qu'il a vu et observé. On fouille le pre-
venu; il est porteur d'un poignard. Il est
évident qu'il a voulu frapper. Le commissaire s'assure de sa personne, et le fait conduire en prison.

Mais quel était l'objet de ses fureurs?
Les détails fournis par l'Anglais mettent
sur la voie. Ce sont les deux étrangères, ou
au moins l'une des deux! La poursuite de
l'instruction est remise au lendemain. Le
commissaire a pris l'adresse du généreux
Anglais.

Le dévouement de ce dernier au salut
des deux inconnues était-il désintéressé?
Le seul désir de prévenir un forfait, de
secourir un sexe faible, de garantir une

femme des atteintes d'un scélérat, était-il
le seul principe de sa bonne action? Non;
un motif plus puissant encore s'y est jouint.
Une des deux dames lui est connue, particulièrement connue! Ce n'est point celle
qui a été menacée, c'est sa compagne;
c'est Pauline.

D'où la connaît-il? en quelle partie du
monde l'a-t-il rencontrée? Vous allez
le savoir. Avez-vous oublié sitôt le bon
Atkinson que le désespoir d'avoir perdu sa
chère Zara avait si précipitamment éloigné de Venise, et qui, promenant au hasard ses douleurs, venait de parcourir
l'Italie, le Piémont, et s'était dirigé sur
Marseille, où il espérait rencontrer quelques compatriotes avec lesquels il retour-
nerait dans sa patrie? Il avait reconnu sur-
le-champ sa bienfaitrice; mais les démonstrations singulières de son voisin
avaient fait diversion à sa surprise et à sa
joie. Rentré dans son logement, il s'était
mis à réfléchir profondément sur ce concours d'événemens, dans lesquels il venait de jouer un rôle. Très-probablement il aurait le lendemain occasion de
revoir Pauline chez le commissaire où ces
dames et lui ne manqueraient pas d'être
appelés.

Le lendemain il reçut en effet l'ordre

de se rendre chez le magistrat, à dix heures précises du matin ; il fut exact. Le commissaire le reçut avec politesse, et le fit conduire de suite chez l'un des juges du tribunal criminel, où à peine il était assis, que les deux dames étrangères furent introduites dans le même salon.

Quelle fut la surprise et la satisfaction de Pauline, en reconnaissant Atkinson, qui lui dit : Ce n'est pas précisément à vous, belle Pauline, mais à une personne qui paraît vous être chère, que j'ai rendu votre bienfait. Je ne me considère pas comme acquitté ; mais j'éprouve combien il est doux de faire une action agréable à la personne qui nous a comblés de bienfaits ! Monsieur le juge, si la sympathie se détermine par les qualités du cœur, soyez assuré que vous voyez dans ces dames, deux anges de perfection et de bonté.

Bon et généreux Atkinson, lui répondit Pauline, je vous retrouve avec vos précieuses qualités, avec ce cœur si sensible et si reconnaissant !

Nous avons, mesdames, observa le magistrat, une matinée laborieuse. Il n'y a donc pas une minute à perdre. L'accusé va paraître. J'ai pris ce parti pour vous épargner à tous trois l'aspect pénible d'une prison.

J'ai pensé que ce serait presque vous punir
d'un forfait dont vous avez failli être vic-
times.

Il finissait de parler, lorsque la porte
s'ouvrit. L'accusé parut escorté de plusieurs
gendarmes ; on le fit asseoir.

Après les premières questions , le gref-
fier lui présenta un papier, en lui deman-
dant s'il le reconnaissait. C'était une lettre
trouvée dans son portefeuille , écrite par
une femme , et qui lui était adressée. Sur
sa réponse affirmative , la lecture en fut
faite ; voici ce qu'elle contenait :

« C'est sur Marseille , mon cher Laurentino , qu'il faut te diriger ; c'est dans
cette ville que tu dois attendre notre ennemie. Les intelligences que je m'étais
ménagées chez le feu comte Solano m'ont
donné dernièrement des renseignemens
précieux sur les intrigues amoureuses de
sa femme. Un certain chevalier provençal
s'était introduit chez le comte quelques
mois avant sa mort. Il a eu bientôt trouvé
la route du cœur de l'infidèle : la belle
veuve lui a promis foi de mariage ; leurs
sermens ont été entendus par celle qui m'a
fait cette confidence , et qui était au service
de la Fioretta. C'est très-certainement à
Marseille qu'ils se sont donné rendez-vous.
Si j'avais su cela plutôt !..... Mais les hon-

nêtes gens sont toujours mal servis. Le beau Médor demeure dans les environs de Marseille : on n'a pas voulu me dire son nom ; mais tu y trouveras son Angélique. Venge-nous ; mais prends bien tes mesures ; ne te trahis pas. Tu as contracté la malheureuse habitude de te laisser pénétrer par des démonstrations indiscrètes, quand tu es travaillé par quelque forte pensée. Sois calme, silencieux ; crains tous les regards ; ne réponds à aucune question ; n'implore point de secours ; ne te fie à personne ; attends l'ombre et la solitude, et ne frappe que quand tu te verras seul avec ta victime ! On dit que chaque crime porte sa peine : cela n'est pas vrai ; plus de moitié restent inconnus. Fais en sorte d'être de la bonne moitié. N'appréhende pas les remords ; ne punis-tu pas la trahison, le mensonge, le vol ? Ton action est méritoire. Il ne s'agit que d'éviter la justice, qui se plaît à voir tout de travers. Je t'embrasse, t'attends et suis ta bonne mère L..., qui te recommande de brûler cette lettre aussitôt que tu l'auras lue. »

— La lettre comme vous voyez n'a point été brûlée, ajouta le juge ; vous l'avez reconnue ; qu'avez-vous à observer sur ce qu'elle contient ?

— Et que diable voulez-vous que j'observe? Je me proposais de venger ma mère; je n'ai pas réussi ; j'ai manqué ma besogne; faites la vôtre. La Fioretta triomphe. Me voilà sous la griffe du juge, et dans un pays où les droits et les douceurs de la vengeance ne sont ni connus ni appréciés. Les conseils de ma mère m'ont jeté dans un guêpier. Ma destinée est réglée. Je saurai m'y soumettre. Je ne vous demande que du repos. Au dernier moment, vous me trouverez dans mon cachot, tout prêt et tout résigné.

Le juge lui adressa quelques autres questions; il ne répondit à aucune. La séance fut terminée. Laurentino fut reconduit à sa prison. Atkinson ramena les deux dames à leur hôtel.

Quand ils eurent exprimé les uns vis-à-vis des autres tous les sentimens de surprise, d'effroi et de reconnaissance dont ils étaient pénétrés, Atkinson s'excusa de son départ subit de Venise par la douleur dont il avait été affecté, au point de n'avoir, depuis son départ, tenu aucune route certaine, d'avoir conçu mille plans sans en exécuter aucun, d'avoir projeté d'abord de se rendre en Angleterre, puis en Hollande, pour savoir des nouvelles de M. Charles de Scelles, et de s'être borné à errer en

Italie, en Piémont en Languedoc et en Provence, jusqu'à ce qu'enfin les hasards de ses courses l'eussent amené à Marseille.

La comtesse Solano observa qu'il fallait remercier la providence de lui avoir donné un libérateur conduit, pour ainsi dire malgré lui, sur le point où son péril avait été fixé, et vers l'individu qui avait conjuré sa perte.

L'événement avait fait une grande sensation dans Marseille et s'était par conséquent répandu dans les environs. Le surlendemain, dans la soirée, l'hôte vint prévenir ces dames qu'un jeune monsieur demandait à voir madame la comtesse Solano. Pauline se hâta de répondre qu'il serait le bienvenu. C'était le chevalier Saint-Edmond, au comble de la joie d'avoir retrouvé une personne qui lui était extrêmement chère. Il habitait une charmante propriété à quelques lieues de la ville, et employait son temps à la culture des beaux-arts, à la surveillance de ses travaux d'exploitation, aux amusemens de la chasse, et à visiter ses amis. Comme il était jeune, riche et indépendant, chaque mère de famille avait les yeux sur lui et voulait en faire un gendre. Son extrême amabilité le faisait en outre bien recevoir partout.

Son existence eût été parfaitement heureuse, si ses affections secrètes et ses souvenirs ne l'eussent trop souvent ramené sur les bords de la Brenta. L'arrivée de la comtesse termina ses anxiétés. Rien ne pouvait plus suspendre leur bonheur. Il prit donc toutes mesures pour réaliser leur union. Au bout de huit jours, on se rendit à la campagne du futur pour y célébrer son mariage, auquel vint assister un grand nombre de personnes des plus nobles et des plus riches familles de Marseille et de la Provence.

Parmi les convives, se rencontra un négociant dont les immenses opérations le mettaient en rapport avec toutes les villes commerçantes de l'Europe. Atkinson, placé à côté de lui à table, et avec lequel il s'entretenait en anglais, ayant appris, par l'une de ses réponses, qu'il arrivait de la Hollande, lui demanda s'il avait quelques relations avec la maison Van - Stevens, d'Amsterdam. — De très-nombreuses et d'assez importantes, lui répondit-il; il n'y a pas un mois que je l'ai quittée. On venait d'y recevoir des nouvelles très-satisfaisantes. Un riche chargement venu de l'Inde, et conduit par un associé, après avoir passé la Manche, était sur le point d'entrer dans le Texel pour traverser le Zuiderzée, et de là débarquer à Amsterdam, lorsqu'un vent de nord-est avait éloigné le navire du continent et l'avait poussé sur les rivages de l'Écosse. Il avait pris heureusement asile dans le port d'Aberdéen, d'où il avait reçu ces détails, lorsque je vins lui faire mes adieux. Il me fallut rester toute la journée chez lui pour partager la joie de la famille, joie bien moins excitée par l'accroissement considérable de fortune qui en résultait pour cette maison, que par le retour de l'associé auquel toute la maison était tendrement attaché. Ils me l'ont nommé plus de cent fois : c'est monsieur, monsieur.....

— Charles de Scelles, dit Atkinson.

— Justement. Et d'où connaissez-vous ce jeune homme, absent d'Europe depuis plus de trois ans ?

— Nous nous sommes rencontrés un peu loin d'ici, il y a environ dix-huit mois dans l'une des Philippines, à Mindanao.

— Dans le fait, il y a séjourné. Ce bon Van-Stévens m'a lu, entre autres lettres, une qu'il avait reçue datée de ce pays-là.

— Je ne vous dirai pas, ajouta Atkinson, que j'ai l'honneur d'être de ses amis. Ce sentiment ne peut s'établir entre personnes qui ne se sont vues que pendant environ quinze minutes ; mais monsieur Charles a ici même, à cette table, une personne qui lui est bien chère, et à laquelle je ne pourrai causer un plus grand plaisir que de lui rendre votre conversation. Voyez à la gauche de la mariée?

— Cette belle personne qu'on a nommée mademoiselle Pauline!

— Aussitôt le dîner, je vous présenterai à elle, et vous serez flatté de l'accueil qu'elle fera à vous et à votre nouvelle.

Le dîner s'acheva gaiement. Dès que la table eut été abandonnée, Atkinson se hâta de joindre Pauline, lui présenta l'honnête négociant, qui se fit un plaisir de lui répéter les mêmes détails.

Il fut difficile à l'aimable Pauline de contenir sa joie et de ne l'exprimer qu'avec la réserve exigée par la circonstance. Mais on appela la mariée. On tint un petit comité secret auquel, après quelque légère difficulté, on admit le chevalier Saint-Edmond. Par ménagement pour Pauline, et pour ne pas la rendre l'objet de la curiosité générale, il fut convenu de se taire vis-à-vis des autres convives; mais le moyen de se défendre contre les instances de ces jeunes et vives Provençales qui toutes avaient pris beaucoup d'inclination pour Pauline, et avaient deviné que le mystère qu'on leur faisait la regardait uniquement!

6*.

CHAPITRE XL.

Bordeaux. — Intéréts bien administrés.

QUELQUE aimable que fût la nouvellé madame Saint-Edmond, quelques instances que fissent les deux époux pour conserver encore Pauline quelques jours chez eux, il fallut cependant convenir que le bonheur personnel ne peut se borner à la contemplation du bonheur d'autrui. Pauline arrêta donc son départ pour le surlendemain du mariage, et, après s'être promis de se révoir, de se visiter et de s'écrire, les deux nouveaux époux conduisirent Pauline à sa voiture, où l'attendaient Atkinson, qui lui avait demandé la permission de l'accompagner jusqu'à Bordeaux, et Félicie, la nièce de l'hôte, qui s'était singulièrement attachée à Pauline et avait désiré rester à son service. Quelques larmes furent répandues par les deux amies; mais enfin on se fit une raison, et la voiture s'achemina vers Bordeaux.

La beauté pittoresque des campagnes méridionales, la vue du canal de Languedoc, de la ville de Toulouse, et de tout ce

que la route offrait de curieux, frappèrent
sans doute nos voyageurs ; mais alors Pauline n'avait qu'un but, c'était d'arriver. Son
vœu fut exaucé le cinquième jour du
voyage.

Après avoir pris un logement dans un
hôtel situé près des allées de Tourny, Pauline se fit conduire chez M. de Blénac.
C'était un vieillard encore vert, d'un extérieur franc et loyal, qui n'eut pas plus tôt
entendu prononcer le nom de Pauline,
qu'il lui fit l'accueil le plus empressé, quoiqu'il commençât par se plaindre d'en avoir
été négligé depuis son retour en Europe.

Tout annonçait l'opulence chez ce banquier. Sa maison, l'une des plus belles de
Bordeaux, était remarquable par la somptuosité des meubles et l'élégance qui régnait
partout. Un nombreux domestique, une
affluence habituelle de survenans, des bureaux remplis de commis, un mouvement
continuel, annonçaient l'importance et la
multiplicité de ses opérations. Le port était
couvert de marchandises qui lui étaient
adressées de toutes les parties du monde,
ou qu'il expédiait dans l'Inde et dans les
deux Amériques. Tout se faisait sans trouble et sans confusion. Chaque chose arrivait insensiblement à sa place. Ses magasins
immenses se vidaient et se remplissaient tour

à tour. On reconnaissait la sagesse du maître dans l'ensemble des travaux de ceux qu'il dirigeait.

Il fallut de toute nécessité que Pauline vînt loger chez M. de Blénac ; son épouse, femme respectable, l'y avait obligée par la douceur et la vivacité de ses instances. Atkinson, qui se proposait de se rendre incessamment en Angleterre, fut le seul qui resta dans l'hôtel ; mais M. de Blénac exigea qu'il lui fît tous les jours le plaisir de dîner chez lui, et de se regarder comme étant de la maison.

Dès le lendemain matin et après le déjeuner, M. de Blénac pria Pauline de passer dans son cabinet, où il la mettrait au courant de leur situation respective.

Le tableau n'était pas long : il portait en tête le produit des marchandises qui lui avaient été adressées, et le montant des traites qui lui étaient venues de Saint-Domingue, ce qui composait un total de 1140 mille francs. Depuis trois ans, il avait associé pour cette somme Pauline dans ses opérations commerciales, ce qui lui avait procuré, toute déduction faite de droit de commission, un bénéfice net de 260 mille francs que M. de Blénac tenait, disait-il à sa disposition, ainsi que les 1140 mille francs de capital.

— J'ai eu tort, lui dit Pauline, d'avoir si long-temps tardé de me rendre à Bordeaux, puisque je me suis ainsi privée de connaître plus tôt un si galant homme que M. de Blénac; mais convenez que, relativement à mes intérêts, j'ai agi bien sagement, et que certes je ne les eusse pas si avantageusement stipulés. Soyez assez bon pour maintenir les choses dans l'état où elles sont. J'ai encore une bonne somme devant moi. De plus j'ai déposé à la banque de Londres, en argent et en bijoux, près de cent mille écus que me fera passer sir Atkinson qui retourne en Angleterre. Vous voyez, monsieur, que tout peut rester dans la même situation, ce que je désire vivement. Je conçois comment vous menez de front des affaires aussi nombreuses qu'importantes. La ligne droite que trace la probité est toujours la plus facile et la plus courte.

— Ainsi, mademoiselle, se justifient et mes conjectures et mes pressentimens. J'avais toujours pensé que la personne honorée de l'amitié de feu M. de Croix était douée des plus aimables qualités. Votre premier aspect me l'avait garanti, et vos obligeantes paroles viennent de le confirmer. Oui, j'accepte avec plaisir la tutelle de vos intérêts, jusqu'au moment où l'époux que vous choisirez succédera à mes obligations.

— Monsieur de Blénac, j'ai besoin d'un ami à qui je puisse ouvrir mon cœur. En voyageant, on fait beaucoup de connaissances ; mais très-peu de liaisons solides. Aujourd'hui je me vois presque seule dans le monde. Un secret pèse sur mon cœur. Ce secret est bien lourd ; car il embrasse mon avenir. Ce n'est pas seulement ma fortune, c'est ma personne, c'est cet avenir même que je désire vous confier.

— Parlez, ma jeune amie ; confiez-vous à un homme qu'une tendresse presque paternelle entraîne vers vous. Je vous parle, tant en mon nom qu'en celui de ma femme, qui comme moi est disposée à vous chérir et à vous défendre.

Pauline alors lui révéla le secret de son cœur. M. de Blénac, qui l'avait attentivement écoutée et dans les détails qu'elle lui avait donnés sur sa famille, et dans ses liaisons d'amour avec Charles de Scelles, lui répondit en lui promettant d'écrire à Strasbourg pour avoir des nouvelles de M. et Mme. de Verner, et à Amsterdam pour obtenir des renseignemens sur la destinée du jeune Charles.

En attendant, ajouta le bon vieillard, j'ai arrêté que votre arrivée chez moi serait marquée par quelques fêtes de famille, tant à Bordeaux qu'à la campagne. Vous

ne trouverez chez nous ni luxe, ni étiquette,
ni grand ton. Le cérémonial en est même
sévèrement banni ; mais le bon cœur, la
tendre amitié et la franchise, se réuniront
pour vous fêter à notre manière, et probablement à la vôtre.

Pauline fut soulagée par cette conversation. Elle venait d'obtenir un point d'ap-
pui respectable. Déjà madame de Blénac
lui avait fait connaître l'affection qu'elle
lui portait. En quittant le mari, elle se rendit auprès de cette dernière, et la trouva,
sinon affligée, au moins extrêmement con-
trariée d'une nouvelle qu'elle venait de recevoir.

Leur fils unique, ce même jeune homme
connu de madame de Saint-Brice, venait
de partir la nuit précédente, sans avoir
fait part à ses parens ni de son voyage,
ni du motif qui le lui faisait faire. Agé de
22 ans, il avait la vivacité et les passions
de son âge. Son père lui faisait une forte
pension pour ses plaisirs et son entretien.
On lui laissait beaucoup de liberté. L'excellence de son cœur et la noblesse de sa
façon de penser, n'avaient pas permis de
craindre jusqu'alors qu'il en mésusât ; mais
cependant il avait évidemment abandonné
la maison paternelle, s'était jeté dans quelque aventure ou funeste ou ridicule, et n'a-

vait pas hésité à donner ce chagrin à ses parens. Telles étaient les réflexions de madame de Blénac, lorsque Pauline arriva près d'elle et entreprit de la consoler.

Elle aurait difficilement réussi, sans la remise qu'un domestique vint faire à cette dame d'une lettre de son fils, qu'il avait fait parvenir par une voie indirecte. Voici ce qu'elle contenait :

« C'est à une mère tendre que je m'adresse. C'est d'elle que j'implore mon pardon. C'est de sa bonne intercession que j'attends le pardon de mon père. Je sens ma faute et je m'y abandonne. La fièvre d'amour m'emporte malgré moi. Je reconnais mon extravagance. Il y a deux hommes en moi : l'un qui réfléchit, qui aime ses devoirs, qui chérit ses parens, qui frémit de l'idée de les affliger ; l'autre qui m'emporte, qui me fait courir après une chimère ; qui me fait espérer mille biens, mille félicités là où je n'ai encore trouvé que chagrins, violence, jalousie, et autres tracasseries de même nature. Plaignez votre fils d'être obligé de traverser le mal pour arriver à sa guérison. J'apprends que cette belle personne que mon père attendait depuis long-temps des colonies est arrivée. Jugez de la force du torrent qui m'entraîne, puisqu'il surmonte le désir extrême que j'avais de

la connaître; mais je reviendrai, ma bonne
mère; je reviendrai purifié de mes erreurs,
dégagé de mes illusions. Encore quelques
jours d'une folie dont je crois apercevoir
le terme. Aujourd'hui toutes les puissances
de la terre ne parviendraient pas à arracher le bandeau posé sur mes yeux; mais
que la main de l'indulgence entreprenne
de le détacher; qu'elle m'accorde encore
quelque répit, et je reviendrai près d'une
famille chérie réparer les erreurs d'une jeunesse fougueuse, et mettre à leur place des
devoirs que je suis maintenant forcé de
perdre de vue, et des sentimens qui som-
meillent au fond de mon cœur. Je vous
embrasse mille fois, ma bonne et excellente
mère; veuillez prier mon père de n'être
pas rigoureux envers moi. »

Madame de Blénac avait à peine fini
cette lecture que son mari entra chez
elle.—Voilà de la prose de notre fugitif, dit
cette dame à son mari auquel elle remit la
lettre. — Jeunesse! s'écria M. de Blénac,
après l'avoir lue. Êtres faibles et qui
vous croyez forts, il faudra donc que chacun de vous paie plus tôt ou plus tard son
tribut à la folie humaine! Celui-ci au moins
ne veut pas que nous redoutions son
impénitence finale. On lui répondra
quand on saura où il est allé. Jusqu'alors,

que nos chagrins restent au milieu de nous.

Pauline fut conduite par M. de Blénac sur le port dans une des belles matinées de la saison.. C'était un dimanche: trois à quatre cents navires élégamment pavoisés, rangés avec ordre, et formant une ligne immense, enchantèrent ses regards et excitèrent son admiration ; une population immense affluait de toutes parts ; la gaieté, l'aisance, le bonheur, étaient universellement répandus, plusieurs vaisseaux partaient pour les extrémités du monde; de touchans adieux annonçaient de pénibles séparations. Plus loin, d'autres bâtimens venaient d'arriver ; leurs ponts étaient couverts de passagers et de matelots impatiens de débarquer ; des caisses, des tonneaux, des malles, des provisions de toute espèce, étaient jetés sur le rivage : une mère et ses filles tendaient les bras à un jeune homme qu'elles apercevaient sur le pont du navire, qui venait de terminer son premier voyage ; tous les cœurs étaient émus de cet ensemble de joie, de tristesse, de craintes, d'espérances et de sensibilité. Le port de Bordeaux semblait être le point central où venaient s'échanger les richesses, les productions et les sentimens affectueux des deux hémisphères.

Bordeaux et ses environs réunissent toutes les sources de bonheur. Le sol y est extrêmement fertile. Son port présente toutes les commodités désirables. L'habitant est généralement spirituel et laborieux. Il règne une émulation admirable dans chaque profession. Les beaux-arts y sont cultivés avec succès. Le barreau se compose d'habiles jurisconsultes et de grands orateurs. La science du commerce est universellement répandue. L'amour du plaisir, très-vif dans cette province, cède cependant sans effort à la nécessité du travail. Il faut convenir que si le ciel a départi ses faveurs particulières sur cette contrée, elles y sont exploitées avec soin et persévérance.

Huit à dix jours se passèrent dans une telle continuité de plaisirs, qu'à peine Pauline eut le temps de réfléchir sur le délai qui devait se passer entre les lettres écrites à Strasbourg et Amsterdam, et les réponses qui devaient les suivre. Enfin ces réponses arrivèrent.

Celle venue de Strasbourg annonçait que divers malheurs venaient de frapper coup sur coup la famille Verner. Des pertes énormes avaient renversé sa fortune et compromis son crédit. Madame Verner était mourante, et le mari succombait à ses chagrins. On plaignait son malheur; car il

était généralement estimé dans le commerce.

Les nouvelles d'Amsterdam étaient beaucoup meilleures. Charles avait écrit de Londres et devait arriver au premier jour. Son
navire parti d'Aberdéen était entré dans le
Texel. La fortune, inconstante un moment,
avait rendu à cette maison toutes ses faveurs.

Pauline n'hésita pas un moment sur le
parti qu'elle avait à prendre. Les liens du
sang et de la reconnaissance la rappelèrent
à la famille Verner, et son bon cœur lui
commanda de venir à son secours.

Elle fit part de sa résolution à M. de
Blénac qui y applaudit. Ils réglèrent en-
semble leurs moyens de correspondance.
On convint du retour le plus prochain, et
Pauline se remit en route.

Quelle différence elle trouva dans la situation actuelle de la maison Verner, et
celle où quatre ans auparavant elle l'avait
laissée! L'opulence, le mouvement et la
sérénité en avaient disparu. Les magasins
étaient vides, les bureaux déserts; un seul
domestique se présenta pour la recevoir et
la conduisit auprès de M. Verner assis devant un bureau et parcourant machinale-
ment quelques papiers.

La vue de Pauline fit briller dans ses

regards un rayon de joie. Il lui tendit les bras, ses yeux se mouillèrent de larmes : Voilà, s'écria-t-il, le premier moment de bonheur dont j'aie joui depuis long-temps ! Belle Pauline, vous m'apparaissez comme ces anges consolateurs qui descendent dans les cachots du misérable ! vous venez vers moi ! vous daignez me sourire ! vous m'avez donc pardonné !

— Mon cher monsieur Verner, Pauline est toujours la même. Toujours le fils de ses bienfaiteurs lui sera cher, et occupera la même place dans son cœur. J'ai appris vos peines : je viens en soulager une partie : puissent les autres disparaître ! puissé-je m'en réjouir avec vous !

— Oui, mon amie, votre présence peut sans doute effacer bien des maux ; mais il en est de terribles ; il en est d'irréparables.

— D'abord, dites-moi, quelle est la situation de votre épouse ?

— Elle est mieux. Les médecins hier m'ont donné de l'espérance.

— Tout est sauvé alors, si le ciel a conservé mon amie ! La fortune bizarre dans la distribution de ses faveurs, m'en accablait quand elle vous maltraitait. Vos affaires sont en désordre : je viens y remédier. Mais auparavant conduisez-moi auprès de madame Verner, si toutefois elle est visible.

— Je vais la préparer à cette agréable surprise. Elle est si faible ! vous lui avez été toujours bien chère ! que de fois..... Mais je vais près d'elle, et bientôt je reviendrai vous prendre et vous y conduire.

Pauline ne resta pas long-temps seule. Une jeune et très-jolie personne se présenta dans le cabinet, et saluant affectueusement :

— J'espère, madame, dit-elle à Pauline, que ma tante pourra vous recevoir. Elle est visiblement dans un meilleur état. Sa nuit a été tranquille.

— Je vous remercie, mademoiselle, de ces bonnes nouvelles. Vous êtes nièce.....?

— De M. Verner ; mais madame Verner est si bonne envers moi, qu'il me semble que je lui appartienne encore de plus près.

— Il serait difficile de ne pas vous aimer..... !

M. Verner rentra, prit la main de Pauline, et la conduisit au lit de la malade.

— Venez ma Pauline, ma meilleure amie, s'écria madame Verner ! Venez combler mon cœur des seules joies qu'il puisse recevoir. La providence a été juste envers vous. Elle vous a constamment protégée, conduite et embellie. Oh ! combien je la remercie de vous avoir conservée !

— Bonne madame Verner ! je retrouve

auprès de vous ces doux épanchemens , cette touchante sensibilité ! Ah ! monsieur Verner , nous bénirons ensemble la divinité de nous l'avoir conservée. Déjà les roses de la santé demandent à reprendre leur ancienne place. Mon amie , le temps des épreuves est fini ; les douceurs de la vie vont recommencer pour vous. Je suis riche, ma chère amie , et je le suis pour vous et pour moi. L'orpheline de Dresde, si généreusement accueillie par vos parens , ne pourra jamais faire un emploi plus doux et plus sacré des biens qu'elle a recueillis, qu'en ramenant à jamais près de vous la paix et le bonheur.

— Je vous l'ai répété bien des fois, Verner, dit la malade, c'était un ange que le ciel avait placé dans notre maison ; il a disparu , nous avons souffert ; il revient au milieu de nous , et toutes les félicités semblent revenir avec lui. Je suis visiblement mieux. Un baume vivifiant coule dans toutes mes veines. Je crois, Pauline , que je pourrai me lever aujourd'hui.

Le médecin parut. D'abord, en trouvant plusieurs personnes dans la chambre de la malade, et la voyant très-animée , il fut sur le point de se plaindre de ce qu'on l'avait livrée à une dangereuse émotion ; mais ayant examiné son pouls et sa physionomie, il fut frappé du mieux, et demanda si quelque génie bienfaisant était venu combattre et terrasser le mal.

—Le voilà ce bon génie, reprit madame Verner en montrant Pauline. C'est elle, c'est sa présence seule qui a produit ce miracle.

— Je conçois, je conçois, reprit le docteur. A l'aspect de cette aimable figure, on se reconnaît sous la puissance d'un talisman. Au surplus, je me borne à vous recommander un repos de quelques heures, après lesquelles l'aimable magicienne pourra sans danger reprendre sa place auprès de la malade qui bientôt ne le sera plus.

— Venez, docteur, dîner avec nous : soyez assez complaisant pour nous donner aujourd'hui plus de temps qu'à l'ordinaire.

— Je le veux bien : je m'y sens même intéressé : j'aurai beaucoup à apprendre de celle qui, dans une visite de quelques minutes, a fait plus et mieux que moi qui ne vous ai point quittée depuis six semaines.

On laissa reposer la malade. Verner qui, dans les intervalles des soins qu'il donnait à sa femme, avait travaillé à se rendre compte de sa situation commerciale, venait d'acquérir la preuve qu'une avance de cinquante mille écus, seulement pendant une année, l'aiderait au rétablissement absólu de ses affaires : il reçut pour toute réponse de Pauline, un papier. C'était une lettre sur le banquier le plus riche de Strasbourg, portant un crédit illimité demandé par M. de Blénac. M. Verner exigea de Pauline qu'elle le bornât aux cinquante mille écus.

Le docteur fut exact. Il trouva sa malade si bien, qu'il se prêta au désir qu'elle avait qu'on dînât dans sa chambre. La gaieté avait reparu sur tous les visages. Le docteur causait agréablement et racontait avec grâce.

— Pendant que vous êtes ici renfermés, vous ignorez, leur dit-il, ce qui vient de se passer dans Strasbourg, hier soir et aujourd'hui. Un jeune homme de Bordeaux, fils d'un très-riche négociant, venu dans cette ville depuis quelques jours à la suite d'une princesse.... de théâtre, engagée tout nouvellement pour notre spectacle, assistait au début de sa divinité. Rien ne manquait à la débutante : figure, taille élégante, voix délicieuse, talent distingué ; mais elle n'eut pas le bonheur de plaire à quelques étourdis d'officiers qui regrettaient l'actrice que celle-ci venait remplacer. Une cabale fut donc formée. Elle commença par du bruit et finit par des sifflets. L'un des siffleurs se trouvant placé près de l'amoureux

Bordelais, celui-ci trouva la plaisanterie mauvaise, et adressa des expressions dures au jeune militaire, qui répliqua sur le même ton. Ils en vinrent aux provocations; mais comme plusieurs jeunes gens s'étaient rapprochés, le Bordelais s'avançant à l'oreille de son adversaire, lui donna son nom et son adresse, et lui assigna un rendez-vous dans une des allées des plus sombres de Robersau, pour le lendemain cinq heures du matin.

Les deux jeunes gens s'y trouvèrent. Après quelques paroles très-polies et très-mesurées, chacun d'eux quitta son habit et mit l'épée à la main. Ils se disposaient à se charger, lorsqu'un groupe d'officiers parut et fit cesser le combat. Le commandant de la place était à la tête des survenans. Il s'approcha des jeunes gens, les engagea à s'embrasser, ce qu'ils firent de bonne grâce, après cependant avoir essuyé quelques plaisanteries sur ce zèle galant et chevaleresque qu'ils venaient de déployer tous deux pour une héroïne de coulisses. Il emmena les deux champions et les témoins chez lui, où il avait fait préparer d'avance un excellent déjeuner.

— Vous nous avez tout dit, docteur, observa Pauline, excepté le nom du Bordelais.

Qu'à cela ne tienne, ma belle dame. C'est
un M. de Blénac. Le nom de son père retentit dans tout le monde commerçant. J'ai
vu le jeune homme chez le commandant.
Il est très-bien tourné et plein d'esprit. Sa
bravoure et sa politesse lui ont valu les
bonnes grâces de nos militaires. On ne parle
que de lui dans Strasbourg. Nos dames veulent le voir. Ce sera inévitablement le jeune
homme à la mode, au moins pendant quelques jours.

— Je veux le disputer à vos belles Stras-
bourgeoises. Et pour cela, docteur, je commence par lui écrire. Vous trouverez, messieurs, mon procédé bien leste ; mais tel est
l'effet des grands voyages. Il en résulte un
aplomb qui vous étonne, docteur, et qui
fait ouvrir de grands yeux à notre malade.

En même temps elle fit un signe à M.
Verner pour qu'il ne parlât pas. Le billet
fut écrit sans déplacer et expédié de suite.
Au bout d'une demi-heure, on annonça
M. de Blénac.

De tous les convives, il ne connaissait
que le docteur. Ses regards se portaient al-
ternativement sur chacun d'eux et sur la
malade. Fort embarrassé de sa personne, il
s'adressa au docteur et le pria de lui donner
le mot de l'énigme, et de qui lui venait le
billet.

—Il est de moi, monsieur, répondit Pauline, et le mot de l'énigme, c'est moi seule qui peut vous le donner. J'étais chez M. votre père, il y a cinq jours. Lui et sa respectable épouse étaient affligés de votre mystérieuse disparition. Je leur écrirai ce soir, et vous appelle pour que vous veuilliez bien me donner la permission de leur marquer que je vous ai retrouvé.

— C'est mademoiselle Bielk à qui j'ai l'honneur de parler; c'est l'intéressante légataire du feu baron de Croix, celle dont, avec mes bons parens, nous avons tant désiré le retour! La plus ridicule de toutes les démarches m'a privé du plaisir de la voir à Bordeaux; mais ma bonne fortune a bien voulu me la rendre ici. Je suis vraiment plus heureux que sage.

— Environné comme vous l'êtes des obligés de votre père, vous devez vous considérer comme étant au milieu de vos amis, lui dit M. Verner. Ma maison vous est ouverte; vous y trouverez des cœurs dévoués. J'ose me flatter, monsieur, que cette offre sera de quelque prix pour vous.

Le jeune de Blénac répondit avec un aimable empressement. Ses regards et son admiration se partageaient entre Pauline et la jeune nièce Mathilde, près lesquelles il se trouvait placé. La soirée fut agréable.

Le docteur oublia ses autres malades qu'il remit au lendemain. On ne se quitta qu'à minuit.

Pauline avait redemandé son ancienne chambre, près de laquelle en était une autre petite pour Félicie. Elle se coucha le cœur content de sa journée, et eut un excellent sommeil.

Le lendemain, à son réveil, Félicie vint lui dire qu'une vieille femme demandait à lui parler. C'était Catherine, la bonne Catherine, celle dont le lecteur a fait connaissance, dès les premières pages de cette histoire. Pauline l'embrassa à plusieurs reprises. Elle n'était presque pas changée. Sa situation était médiocre; mais elle s'en contentait. Pauline lui constitua une pension viagère de 1200 fr. Ah ! s'écria la bonne vieille, j'avais donc bien raison de me confier à la providence. Qui m'eût dit, il y a quatre ans, que la pauvre petite qui partait de cette maison pour sauver sa vertu et remettre sa destinée au hasard et à son travail reviendrait grande dame, et me ferait bénir mes vieux jours !

CHAPITRE XLI ET DERNIER.

CONCLUSION.

M. de Blénac avait joint à sa correspondance avec la place d'Amsterdam, une lettre adressée à Charles de Scelles dans la maison de son associé, où il le prévenait que Pauline, alors logée chez lui, se proposait de se rendre à Strasbourg chez M. Verner ; cette lettre heureusement lui arriva comme il montait en voiture pour se rendre directement à Bordeaux. Il traversa donc la partie orientale des Pays-Bas, et marchant jour et nuit, arriva le quatrième jour au soir à Strasbourg, un instant avant la fermeture des portes.

La nuit étant close, lorsqu'il fut descendu et installé dans son auberge, il remit au lendemain matin sa visite chez M. Verner.

Il se rencontra à la porte avec le jeune de Blénac, qui demandait si mademoiselle Pauline Bielk était visible. La tournure élégante de ce jeune homme et particulièrement cet air de confiance et de bonne

fortune qui n'abandonne jamais les habitans
de la Garonne, jeta du trouble dans l'esprit
de Charles; mais l'expérience qu'on ac-
quiert dans les voyages lui ayant appris à
se méfier des premières impressions, il attendit l'accueil qu'ils allaient recevoir tous
deux, pour savoir ce qu'il avait à craindre
ou à espérer.

Le domestique les conduisit et annonça
simplement que deux jeunes messieurs demandaient à parler à mademoiselle Pauline.

On leur ouvrit le salon où Pauline se
rendit l'instant d'après.

Quelle fut son émotion, quelle fut la
joie de son cœur quand elle reconnut Charles!
Se jeter dans les bras l'un de l'autre, se
tenir long-temps embrassés, oublier tout
l'univers, même le jeune de Blénac resté immobile; tel fut le premier effet de cette
entrevue, le premier entraînement dont
aucun des deux ne fut maître !........ Nos
amans, revenus de cette extase, se rendirent de suite, avec le jeune Bordelais, dans
le cabinet de M. Verner à qui Pauline présenta son futur. M. de Blénac demanda alors
la permission de se retirer, sauf à revenir
dans un moment plus calme. Les deux amans
ne s'aperçurent pas de son départ.

Ainsi se terminèrent ces obstacles qui
les avaient tenus si long-temps éloignés.

Charles se présentait avec une fortune considérable qu'il venait mettre aux pieds de sa Pauline. Tous deux épris l'un de l'autre, libres, riches, indépendans, n'avaient à redouter aucune résistance ni aucune opposition. Leurs familles respectives ne pouvaient qu'applaudir à une union assortie sous tous les rapports.

Madame Verner, dont la santé se rétablissait à vue d'œil, partagea la joie de Pauline et fit à Charles l'accueil le plus distingué; son mari se chargea de toutes les démarches nécessaires pour la célébration du mariage. La jeune Mathilde s'attachait de plus en plus à Pauline; de Blénac ne quittait plus la maison de M. Verner. Il s'était lié intimement avec Charles, était rempli d'attention pour la malade, et se plaisait particulièrement à causer avec la jeune Mathilde. M. Verner remarqua que, depuis sa connaissance, il leur avait donné toutes ses soirées.

—Je ne conçois pas, lui observa-t-il un jour à dîner, comment un jeune homme qui a débuté dans cette ville comme le protecteur des beaux-arts et du talent, le champion de la beauté persécutée, renonçant à ses titres de gloire, se borne aujourd'hui aux paisibles loisirs, à la modeste société d'un négociant et de sa famille!

— La chose est pourtant toute simple, répondit de Blénac ; de ce que je fus un fou pendant quelques jours, s'ensuit-il que je doive l'être toute la vie ! Vous êtes vraiment étonnans, messieurs les sages de ce siècle ; vous ne croyez point aux conversions ! Vous ne passez rien à la pauvre jeunesse ! Qui n'a pas eu ses erreurs ? Me voilà presque revenu de la mienne. Encouragez-moi donc au lieu de me blâmer.

M. Verner rougit ; un sourire presqu'imperceptible vint sur les lèvres de Pauline. La jeune Mathilde redoubla d'attention, et Charles tendit une main amie au jeune de Blénac.

— Monsieur a raison, dit la malade ; on n'a pas toujours la fièvre. Ces dames de théâtre sont bien séduisantes, dit-on ; mais tout cela n'a qu'un temps ; restez avec nous, M. de Blénac. L'innocence, le bon cœur, la franchise, ont aussi leur attrait ; eh, ne faut-il pas s'approvisionner pour l'avenir ?

— Mademoiselle Pauline a la bonté, dit de Blénac, de se considérer comme l'obligée de mon père ; elle est maintenant plus qu'acquittée envers lui. C'est elle qui, en m'appelant auprès de vous, m'a, sans le vouloir, arraché à mon erreur et m'a fait connaître la véritable félicité. Je la cherchais dans les plaisirs, dans le bruit, dans le faux éclat, dans les convulsions d'un amour désordonné; elle était à deux pas de moi.

En prononçant ces dernirs mots, il jeta sur Mathilde un regard expressif qui fut saisi et apprécié par tous. La jeune personne fut celle qui parut y avoir fait le moins d'attention, mais ses innocentes ruses furent bientôt pénétrées; on eut l'air de n'avoir rien remarqué. On laissa aux deux jeunes gens toute liberté de s'approcher et de s'entretenir. La soirée était belle; un jardin charmant tenait à la maison : le médecin permit à la malade d'y descendre quelques momens; Verner et le docteur restèrent auprès d'elle; Pauline et Charles parcoururent ensemble les allées. Il eût été malhonnête de laisser mademoiselle Mathilde seule; de Blénac s'approcha d'elle, prit son bras, et après quelques paroles reprises et interrompues par la timidité ou la crainte de déplaire, on entra enfin en conversation très-animée, et tellement agréable à la jeune personne, qu'ils furent les derniers à se réunir à la société quand vint le moment de la retraite.

Pauline avait écrit à Bordeaux, à madame de Saint-Brice et à madame Saint-Edmond. Elle reçut de tous des réponses qui lui firent le plus grand plaisir. M. et Mme. de Blénac la remerciaient de la conversion de leur fils, qu'ils soutenaient lui devoir uniquement. Madame de Saint-Brice félicitait, avec les expressions d'une vive tendresse, Pauline de son bonheur futur. Elle se fixait décidément auprès de sa fille, à Lorient. Le séjour de la Provence paraissait enchanteur à madame Saint-Edmond, surtout depuis son mariage; elle terminait sa lettre en disant qu'elle ne pouvait mieux exprimer son amitié à Pauline qu'en lui souhaitant un mari aussi aimable que le sien.

De son côté, le jeune de Blénac avait reçu une lettre de son père par laquelle il lui annonçait que lui et sa femme suspendaient leur pardon jusqu'au jour où il amènerait avec lui les deux nouveaux époux à Bordeaux.

Enfin arriva le jour de la célébration du mariage qui se fit sans éclat et n'eut pour témoins que M. et M.me Verner, Mathilde, la bonne vieille Catherine, M. de Blénac et quelques domestiques.

Cette fête fut sans faste, mais non sans plaisir. Pauline était alors dans toute sa beauté; Charles de Scelles avait un noble extérieur; Mathilde parut charmante, et de Blénac anima la fête par ses saillies et sa gaieté. Mathilde avait eu plusieurs occasions de lui témoigner le plaisir qu'elle avait à le voir; ils s'entendaient déjà tous les

deux, et paraissaient compter incessamment sur un bonheur égal à celui du nouveau couple.

Le notaire de M. de Blénac fut chargé
d'acheter un domaine considérable dans les
environs de Strasbourg. Charles était en
marché pour une très-jolie maison à la ville,
et ce marché fut conclu dès que Pauline
eut dit que la maison lui plaisait.

On arrêta que, pendant le cours des travaux de réparation et d'ameublement, les
deux époux reconduiraient le jeune de Blénac à Bordeaux, et que Mathilde serait
du voyage. Madame Verner, alors en pleine
convalescence, consentit à donner ce plaisir à sa nièce, sous la condition que tout
le monde serait de retour au plus tard dans
six semaines.

— Je vous le promets, ma chère amie,
lui répondit Pauline, j'ai assez voyagé pour
désirer de mettre un terme à cette vaga-
bonde existence.

On partit de très-grand matin afin d'être
arrivé le même soir à Nanci, où l'on devait
passer un jour dans la famille de Charles.
Ses deux jeunes cousines étaient trés-bien
établies ; leurs parens jouissaient d'une
excellente santé : on fut enchanté de se
revoir. Cette journée fut pour tous une véritable fête, et le lendemain on ne laissa

partir les voyageurs qu'en leur faisant promettre un plus long séjour en revenant.

A Paris, madame de Scelles désira descendre chez la bonne madame Hippolyte;
ils la trouvèrent en grand deuil d'un mari
qu'elle venait de perdre, et qu'elle avait
épousé trois mois après le départ de Pauline pour Saint-Domingue.

Ce mari, ancien officier de cavalerie,
n'avait pour lui qu'un bel extérieur; ce
n'était au fond qu'un brutal et un homme
sans mœurs. Il n'avait considéré d'autre
avantage dans cette union que la valeur de
l'établissement; quant aux qualités personnelles de madame Hippolyte, ou il ne les
avait pas aperçues, ou il les avait comp-
tées pour rien. Sans talent et sans industrie aucune, le poids de la maison était
resté tout entier sur madame Hippolyte
alors devenue madame Duval. Il avait
apporté dans le ménage environ 20,000
franes, dont les deux tiers avaient été par
lui consommés en parties de plaisir, lorsqu'il fut atteint de la maladie dont il
mourut.

Ainsi ces quatre dernières années avaient
été pour cette aimable femme quatre années de tribulations qui cependant ne l'a-
vaient pas trop changée; il y avait tout
lieu d'espérer qu'après le deuil de néces-

sité, et les larmes d'étiquette, madame Duval redeviendrait promptement tout ce qu'avait été madame Hippolyte. Elle vit partir avec beaucoup de regret Pauline et ses amis pour Bordeaux:

M. et Mme. de Blénac, prévenus de l'arri-des voyageurs, vinrent eux-mêmes à la porte de leur hôtel pour les recevoir. Le fils fut pardonné et embrassé. Les deux époux comblés de caresses. On trouva Mathilde charmante.

Le bon Atkinson était arrivé à Bordeaux la veille. Il avait déjà déposé à la caisse de M. de Blénac environ 3oo,ooo francs qu'il rapportait à Pauline. Cette fois, M. de Blénac avait exigé qu'il se logeât chez lui. Ce bon Anglais se rappella parfaitement la figure de Charles, quoiqu'il ne l'eût vu qu'un instant dans le port de Mindanao. Il pleurait de joie en contemplant les deux époux.

M. de Blénac ne fut pas long-temps sans apercevoir que son fils était pénétré de tendresse pour Mathilde. Quant à la mère, Pauline l'avait mise dans le secret. La jeune personne tenait par ses parens aux premières maisons de négocians de l'Alsace et de l'Allemagne. M. et Mme Verner la faisaient leur unique héritière.

Ces considérations eurent été bien faibles pour M. de Blénac, s'il ne s'était laissé d'avance séduire par la douceur et les autres qualités de cœur de Mathilde, et s'il n'avait considéré l'union de son fils avec cette jeune personne comme un lien de plus qui l'attachait à Pauline qu'il aimait par-dessus tout.

Le jeune de Blénac ne trouva donc aucune résistance à ses projets. On écrivit à M. et Mme. Verner qui firent passer à Bordeaux tous les papiers nécessaires.

Le mariage du jeune de Blénac et de Mathilde fut célébré quelques jours après. Atkinson était resté pour en être le témoin. Tout se passa en famille.

Madame de Scelles combla Mathilde de présens. Charles en fit autant vis-à-vis du futur auquel il s'était attaché.

Le banquet fut splendide, sans être nombreux. Ce fut M. de Blénac père qui porta les toasts suivans :

Aux deux couples d'époux! que l'amour, la confiance et l'union leur assurent de longues et heureuses années!

A Charles de Scelles, si dignement récompensé de sa constance et de ses travaux, et qui m'a ramené mon fils!

A ma nouvelle et charmante fille qui fera l'ornement et la félicité de ma maison.

Gloire et actions de grâces à la divine

providence qui, après des voyages lointains
et des périls multipliés, a ramené au milieu
de nous l'adorable Pauline dont la béauté,
la grâce et les vertus ont si noblement
triomphé de ces pénibles épreuves!

FIN DU QUATRIÈME ET DERNIER VOLUME.

TABLÉ

DES MATIÈRES.

CONTENUES

DANS LE QUATRIÈME VOLUME.

FIN DE LA TABLE DU QUATRIÈME VOLUME.

CHEVALIERS (les) du Cygne, ou la Cour de Charlemagne. 3 vol. in-12. 7 fr. 50 c.
— *Le même*, 3 vol. in-8. 12 fr.
COMTE (le) DE CORKE, ou la Séduction sans artifice, suivi de sept Nouvelles. 2 vol. in-12. 4 fr.
DISCOURS MORAUX sur divers sujets, et particulièrement sur l'éducation. 1 vol. in-12. 2 fr. 50 c.
— *Le même*, 1 vol. in-8. 4 fr.
DUCHESSE (la) DE LA VALLIÈRE. 2 vol. in-12. 4 fr.
— *Le même*, 1 vol. in-8. 5 fr.
— *Le même*, papier vélin. 10 fr.
EXAMEN DE LA BIOGRAPHIE UNIVERSELLE. 2 petits vol. in-8. 3 fr. 50 c.
HERBIER MORAL, ou Recueil de Fables nouvelles, et autres Poésies fugitives. 1 vol. in-12. 2 fr.
HISTOIRE DE HENRI-LE-GRAND. 2 vol. in-12. 6 fr.
— *Le même*, papier vélin, 2 vol. in-8. 24 fr.
INFLUENCE (de l') DES FEMMES sur la Littérature française, comme protectrices des lettres et comme auteurs, ou Précis de l'Histoire des Femmes françaises les plus célèbres. 2 vol. in-12. 5 fr.
— *Le même*, 1 vol. in-8. 5 fr.
JEANNE DE FRANCE, Nouvelle historique. 2 v. in-12. 5 fr.
MADAME DE MAINTENON, pour servir de suite à l'histoire de la Duchesse de La Vallière. 2 vol. in-12. 4 fr.
— *Le même*, 1 vol. in-8. 5 fr.
— *Le même*, papier vélin. 10 fr.

MADEMOISELLE DE CLERMONT, Nouvelle historique. 1 vol. in-12, portrait. 1 fr. 25 c.
— *Le même*, papier fin, de l'imprimerie de Didot aîné, ornée de quatre jolies figures et du portrait de mademoiselle de Clermont. 3 fr.
— *Le même*, papier vélin. 5 fr.
MADEMOISELLE DE LA FAYETTE, ou le Siècle de Louis XIII. 2 vol. in-12. 4 fr.
— *Le même*, 1 vol. in-8. 5 fr.
MAISON RUSTIQUE, pour servir à l'éducation de la Jeunesse, ou Retour d'une famille émigrée. 3 vol. in-8. 18 fr.
MÈRES RIVALES, ou la Calomnie. 3 vol. in-12. 7 fr. 50 c.
MONUMENS RELIGIEUX, ou Description critique des monumens religieux, tableaux et statues des grands maîtres, gravures sur pierre et sur métaux, ouvrages d'orfévrerie, etc. 1 vol. in-8. 6 fr.
— *Le même*, papier vélin. 10 fr.
NOUVEAUX CONTES MORAUX, et Nouvelles historiques. 6 vol. in-12. 15 fr.
— *Le même*, 4 vol. in-8. 24 fr.
NOUVELLE MÉTHODE D'ENSEIGNEMENT pour la première enfance, contenant l'explication de la méthode pour les instituteurs, des modèles de composition, etc. 1 vol. in-12. 2 fr. 50 c.
— *Le même*, 1 vol. in-8. 4 fr. 50 c.
NOUVELLES HEURES CATHOLIQUES à l'usage de l'enfance. 1 vol. in-18. 1 fr. 20 c.
OBSERVATIONS CRITIQUES, pour servir à l'histoire de la littérature du 19e. siècle. In-8. 1 fr. 80 c.
PETITS (les) ÉMIGRÉS, ou Correspondance de

quelques enfans. 2 vol. in-12. 5 fr.
— *Le même*, 2 vol. in-8. 8 fr.
RELIGION (la) considérée comme l'unique base du bonheur et de la véritable philosophie. Nouvelle édition. 1 vol. in-12. 3 fr.
SAINCLAIR, ou la Victime des sciences et des arts. 1 vol. in-18. 1 fr. 25 c.
SIÉGE (le) DE LA ROCHELLE, ou le Malheur et la Conscience. 2 vol. in-12. 5 fr.
SOUVENIRS (les) DE FÉLICIE L***. 2 vol. in-12. 5 fr.
TABLEAUX DE M. LE COMTE DE FORBIN, ou la Mort de Pline l'Ancien, et Ynès de Castro, nouvelles historiques. 1 vol. in-8., fig. 5 f.
THÉATRE D'ÉDUCATION. 5 vol. in-12. 12 fr. 50 c.
THÉATRE DE SOCIÉTÉ. 2 vol. in-12. 5 fr.
— *Le même*, 2 vol. in-8. 10 fr.
VEILLÉES (les) DU CHATEAU, ou Cours de morale à l'usage des enfans. 3 vol. in-12. 7 fr. 50 c.
— *Le même*, 2 vol. in-8. 12 fr.
VOEUX (les) TÉMÉRAIRES, ou l'Enthousiasme. 3 vol. in-12. 5 fr.
VOYAGES POÉTIQUES D'EUGÈNE et d'ANTONINE. 1 vol. in-12. 2 fr. 50 c.
ZUMA, ou la Découverte du Quinquina; suivi de la Belle Paule, de Zénéide, des Roseaux du Tibre, etc. 1 vol. in-12. 3 fr.